JN448301

현행 보안관찰법제 연구

정우일 지음

UUP

현행 보안관찰법제 연구

- 2014년 12월 08일 **초판 인쇄**
- 2014년 12월 15일 **초판 발행**
- **지은이** 정우일
- **펴낸이** 이 철
- **펴낸곳** UUP(울산대학교출판부) 680-749 울산광역시 남구 대학로 93(무거동) 울산대학교 출판부
- **전화** (052)259-2488 **팩스** (052)277-3011 ▪ **홈페이지** http://uup.ulsan.ac.kr
- **출판등록** 제370-1996-000001호(1996.3.13)
- ₩ 9,000

불법복사는 지적재산을 훔치는 범죄행위입니다. 저작권법 제136조(권리의 침해죄)에 따라 위반자는 5년 이하의 징역 또는 5천만원 이하의 벌금에 처하거나 이를 병과할 수 있습니다. 이 책의 판권은 울산대학교 출판부에 있습니다. 잘못된 책은 바꾸어 드립니다.

ISBN 978.89.7868.356.2 (93350)

머리말

1975년 제정된 사회안전법은 여러 독소 조항을 담고 있어서 제정 이후 계속해서 인권침해 논란이 제기되었다. 이러한 문제를 해결하고자 1989년 여소야대(與小野大) 국회에서 설치된 '민주발전을 위한 법률개폐 특별위원회의'에서는 여야 합의에 의해 사회안전법을 보안관찰법으로 전면 개정하는 단일안을 마련하였다. 1989년 6월 16일 전면 개정된 보안관찰법(법률 제4132호)은 구사회안전법이 규정하였던 주기제한 및 보안감호처분을 폐지하고, 보호관찰처분은 보안관찰처분으로 명칭을 바꿔 존속시키면서 보안관찰처분 등의 실효성을 담보할 수 있도록 여러 법적 규제 장치를 마련하여 이전에 비해 강화된 보안관찰제도의 신설을 주요골자로 하였다. 보안관찰법의 제정 배경에는 여야합의라는 역사적 의의가 있었음에도 불구하고, 다른 한편으로는 국가의 안전과 사회의 안녕 유지라는 목적을 내세워 사회안전법의 잔재를 수용한 태생적 한계 때문에 현행 보안관찰법에 대해서도 몇몇 조항들에 대해서도 계속해서 위헌 및 인권침해 논란이 제기되고 있는 실정이다.

이 책은 보안관찰법제를 누구나 쉽게 접근하고 이해할 수 있도록 요약·정리하는데 중점을 두었다. 보안관찰제도의 연구에 관심이 있는 학자, 실무자, 학생 및 관련 내용이 포함된 분야의 시험을 준비하고자 하는 수험생들을 위해 입문서 또는 참고문헌으로서의 가치가 있을 것으로 생각한다. 그러나 저자의 개인적인 의견과 학계 소수의 견해도 함께 기술하였기 때문에 논리적인 비약이나 기존 학자들의 견해 및 이론과 다른 부분이 있을 수 있다. 이 책에서 민간경비와 관련된 여러 가지 학문적·실무적 문제들을 자세하고 심도 있게 다루지 못한 부분들이 있다면, 그 부분에 대해서는 독자 여러분들께 이 글을 빌어

양해의 말씀을 드린다. 그리고 저자의 지식과 노력의 한계로 인해 기술하지 못한 부분들에 대해서는 추후 계속적으로 보완하겠다는 약속으로 갈음하고자 한다.

2014년 11월

울산대학교 15호관 연구실에서

저자 씀

목차

제1장 보안관찰제도의 의의 / 11

제2장 보안관찰처분의 요건 / 33

제3장 보안관찰처분의 결정절차 / 45

제6장 보안관찰의 실시 / 121

제7장 기타사항 / 143

부 록 / 163

참고문헌 / 201

제1장
보안관찰제도의 의의

제1절 보안관찰법의 제정 및 주요연혁

1. 보안관찰법의 제정

1975년 제정된 사회안전법은 여러 독소 조항을 담고 있어서 제정 이후 계속해서 인권침해 논란이 제기되었다. 이러한 문제를 해결하고자 1989년 여소야대(與小野大) 국회에서 설치된 '민주발전을 위한 법률개폐 특별위원회의'에서는 여야 합의에 의해 사회안전법을 보안관찰법으로 전면 개정하는 단일안을 마련하였다.

1989년 6월 16일 전면 개정된 보안관찰법(법률 제4132호)은 구사회안전법이 규정하였던 주거제한 및 보안감호처분을 폐지하고, 보호관찰처분은 보안관찰처분으로 명칭을 바꿔 존속시키면서 보안관찰처분 등의 실효성을 담보할 수 있도록 여러 법적 규제 장치를 마련하여 이전에 비해 강화된 보안관찰제도의 신설을 주요골자로 하였다.

보안관찰법의 제정 배경에는 여야합의라는 역사적 의의가 있었음에도 불구하고, 다른 한편으로는 국가의 안전과 사회의 안녕 유지라는 목적을 내세워 사회안전법의 잔재를 수용한 태생적 한계 때문에 현행 보안관찰법에 대해서도 몇몇 조항들에 대해서도 계속해서 위헌 및 인권침해 논란이 제기되고 있는 실정이다.

2. 보안관찰법의 주요연혁

1) 사회안전법 제정(법률 제2769호, 1975.7.16, 시행 1975.7.16)

(1) 제정 목적

사회안전법은 특정범죄를 다시 범할 위험성을 예방하고 사회복귀를 위한 교육개선이 필요하다고 인정되는 사람에 대하여 보안처분을 할 목적으로 제정되었다.

(2) 보안처분대상자

보안처분대상자를 다음에 해당하는 죄로서 금고이상의 형의 선고를 받고 그 집행을 받은 사실이 있는 사람으로 규정하였다.

① 형법 제87조 내지 제90조, 제92조 내지 제101조

② 군형법 제5조 내지 제8조, 제9조제2항 또는 제11조 내지 제16조

③ 국가보안법 제1조 내지 제8조

④ 반공법 제3조 내지 제7조(다만, 제4조제2항 중 문서·도화 기타의 표현물을 습득하는 죄는 제외함)

(3) 보안처분의 종류

보안처분의 종류를 보호관찰처분, 주거제한처분, 보안감호처분의 세 가지 유형 구분하여 규정하였다.

(4) 보안처분의 면제

보안처분대상자라고 하더라도 일정한 요건을 갖춘 자에 대하여는 보안처분을 면세할 수 있도록 하였다.

(5) 보안처분의 기간

보안처분의 기간을 2년으로 하고, 무제한적으로 갱신할 수 있도록 하였다.

(6) 신고의무

보안처분대상자는 교도소등에서 출소하기 전에 거주예정지 등을 교도소등의 장에게 신고하고, 출소 후 20일 내에 주거·직업 등을 관할경찰서장에게 신고하도록 규정하였다.

(7) 보안처분의 청구, 심의 · 의결 및 결정

보안처분의 청구는 검사가 수행하며, 보안처분에 관한 결정은 보안처분심의위원회의 의결을 거쳐 법무부장관이 결정하도록 규정하였다. 이와 관련하여 보안처분에 관한 사안을 심의·의결하기 위하여 법무부에 보안처분심의위원회를 두었다.

(8) 구제절차

보안처분에 관한 결정을 받은 사람이 그 결정에 이의가 있을 때에는 결정이 법령에 위반된 것을 이유로 하는 때에 한하여 그 결정이 집행된 날부터 30일 내에 고등법원에 소를 제기할 수 있도록 규정하였다.

2) 보안관찰법 전면 개정(법률 제4132호, 1989.6.16, 시행 1989.9.17)

(1) 개정 목적

사회안전법을 전면적으로 개정하여 그 명칭을 보안관찰법으로 변경하고, 보안감호처분과 주거제한처분을 폐지하는 대신에, 종전의 이 법에 의한 보호관찰처분을 보강하여 보안관찰처분을 신설하려는 목적으로 개정되었다.

(2) 보안관찰해당범죄의 범위 축소

보안관찰해당범죄의 범위를 축소하여 내란죄 등을 제외하였다.

(3) 보안관찰대상자의 요건 강화

보안관찰대상자의 요건을 해당범죄로 금고 이상의 형의 선고를 받고 그 형기 합계가 3년 이상인 자로서 형의 전부 또는 일부의 집행을 받은 사실이 있는 자로 변경하였다.

(4) 보안처분의 축소

종전 사회안전법상의 보안처분 중 보안감호처분과 주거제한처분은 폐지하고, 보호관찰을 보강한 보안관찰처분을 신설하였다.

(5) 보안관찰처분의 면제

법무부장관은 보안관찰처분대상자 중 준법정신이 확립되어 있고 일정한 주거와 생업 등이 있을 때에는 보안관찰처분을 면제하는 결정을 할 수 있도록 하였다.

(6) 신고의무

보안관찰처분을 받은 자는 보안관찰처분결정 고지를 받은 날로부터 7일 이내에 소정의 사항을 관할경찰서장에게 신고하고 그 후 3개월마다 계속 신고하도록 규정하였다.

(7) 거소제공

법무부장관은 가족이 없거나 가족이 있어도 인수를 거절하는 보안관찰처분대상자 또는 피보안관찰자에 대하여 거주할 장소를 제공할 수 있는 법적 근거를 마련하였다.

(8) 보호 및 응급구호

검사 및 사법경찰관리는 피보안관찰자에 대하여 주거, 취업알선 등 적절한 보호를 조치할 수 있도록 하고, 피보안관찰자에게 부상·질병 등의 사유가 있는 때에는 필요한 구호를 할 수 있도록 하였다.

(9) 벌칙 추가

보안관찰처분대상자가 도주하거나 각종 신고를 하지 아니하거나 허위신고를 하는 경우 등에는 형벌을 부과할 수 있도록 벌칙 규정을 신설하였다.

3) 보안관찰법 일부 개정(법률 제4396호, 1991.11.22, 시행 1991.11.22)

(1) 개정 목적

국가보안법의 개정(1991.5.31, 법률 제4373호)에 따라 개정 전 국가보안법(법률 제3318호, 제3993호)상의 보안관찰해당범죄가 보안관찰법의 적용 대상임을 명백히 규정하고, 국가보안법의 처벌대상에서 제외된 일부 범죄를 보안관찰처분 대상에서도 제외하여 국가보안법 개정의 취지를 보안관찰법에 반영하려는 목적에서 개정되었다.

(2) 보안관찰처분대상자의 포함

법률 제3318호·제3993호 구국가보안법 제4조의 반국가단체구성원 등의 목적수행, 제5조의 반국가단체구성원 등에 대한 자진지원 및 반국가단체구성원 등으로부터의 금품수수, 제6조의 반국가단체 지배하에 있는 지역으로부터의 잠입 또는 그 지역으로의 탈출, 제9조의 국가보안법위반사범에 대한 총포·탄약·화약 기타 무기 등 편의제공으로 처벌받은 자를 보안관찰처분대상자로 규정하였다.

(3) 보안관찰처분대상자의 제외

법률 제549호·제3318호·제3993호 구국가보안법 및 법률 제643호 구반공법상의 죄 중에서 현행 국가보안법의 처벌대상에서 제외된 반국가단체구성원 또는 그 지령을 받은 자가 사회혼란조성의 우려가 있는 사실을 왜곡 전파한 행위 및 그 미수, 예비·음모, 반국가단체구성원 또는 그 지령을 받은 자로부터의 금품수수의 예비·음모, 국외공산계열의 지령을 받기 위한 잠입·탈출 및 그 미수, 예비·음모로 처벌받은 자를 보안관찰처분대상에서 제외하였다.

4) 보안관찰법 일부 개정(법률 제7227호, 2004.10.16, 시행 2004.10.16)

보안관찰법 제24조 단서 조항이 행정소송법 제23조의 집행정지와 동법 제8조 제2항에 의하여 준용되는 민사집행법중 가처분에 관한 규정의 준용을 배제하고 있어 보안관찰처분을 다투는 행정소송에서는 다른 행정소송과 달리 집행정지를 전혀 할 수 없도록 하고

가처분을 원천적으로 봉쇄하기 때문에 헌법상 적법절차원칙에 위반한다는 헌법재판소의 위헌결정[헌법재판소 2001. 4. 26. 선고 98헌바79·86, 99헌바36(병합) 결정]에 따라 동 규정을 정비하려는 목적에서 개정되었다.

제2절 보안관찰제도의 법적 근거

1. 헌법

보안관찰처분은 보안처분의 법적 성질을 가지고 있다. 따라서 보안처분의 일종인 보안관찰처분의 법적 근거는 먼저 헌법에서 찾아 볼 수 있다.

헌법 제12조 제1항은 "모든 국민은 신체의 자유를 가진다. 누구든지 법률에 의하지 아니하고는 체포·구속·압수·수색 또는 심문을 받지 아니하며, 법률과 적법한 절차에 의하지 아니하고는 처벌·보안처분 또는 강제노역을 받지 아니한다."라고 규정하고 있다.

2. 보안관찰법

1989년 사회안전법은 보안관찰법으로 명칭이 변경되고 내용이 대폭 수정되는 전면개정이 이루어졌다. 이후 몇 차례 개정된 보안관찰법은 현재 국가의 안전과 사회의 안녕을 유지할 목적으로 특정범죄를 범한 자에 대하여 재범의 위험성을 예방하고 건전한 사회복귀를 촉진하기 위하여 보안관찰처분을 규정하고 있다.

3. 보안관찰법시행령

현행 보안관찰법시행령은 보안관찰법에서 위임된 사항과 그 시행에 관하여 필요한 사항을 규정하고 있다.

4. 보안관찰법시행규칙

현행 보안관찰법시행규칙은 보안관찰법과 보안관찰법시행령의 시행에 관하여 필요한 사항을 규정하고 있다.

제3절 보안관찰제도의 제한원리

대한민국 헌법은 국민의 기본적 인권과 자유를 보장하고 있다. 따라서 국가의 안전보장 또는 사회의 질서유지를 목적으로 국민의 기본적 인권과 자유를 침해할 우려가 있는 보안관찰제도 역시 당연히 헌법적 원리에 제한을 받는다. 다음에서는 보안관찰제도를 제한하는 헌법적 원리에 대해서 살펴보고자 한다.

1. 적법절차의 원리

1) 의의

대한민국 헌법 제12조 제1항에서는 "모든 국민은 신체의 자유를 가진다. 누구든지 법률에 의하지 아니하고는 체포·구속·압수·수색 또는 심문을 받지 아니하며, 법률과 적법한 절차에 의하지 아니하고는 처벌·보안처분 또는 강제노역을 받지 아니한다."라고 규정하고 있다.

적법절차의 관념은 영국에서의 오랜 사법의 역사를 통하여 확립된 자연적 정의의 법리에서 기원하는 것이지만, 그에 관한 실정법적 규정은 1215년의 마그나 카르타(대헌장)에서 기원하였다. 이것이 1335년 에드워드 3세 치하의 제정법에서는 "적정한 법절차에 따라" 조항으로 계수되고, 1628년의 권리청원 제4조에서 이것이 재확인되었다. 적법절차의 관념은 그 후 미국의 연방헌법과 각 주의 헌법에 수용되었으며, 특히 미연방헌법의 적법절차 조항은 제2차 대전 이후 각국 헌법에 지대한 영향을 미쳤다. 적법절차란 입법·행정·사법 등 모든 국가작용은 정당한 법률을 근거로 하고 정당한 절차에 따라 발동되어야 한다는 헌법 원리를 말한다. 바꾸어 말하면 모든 공권력의 행사는 절차상의 적법성을 갖추어야 할 뿐만 아니라 공권력 행사의 근거가 되는 법률의 실체적 내용도 합리성과 정당성을 갖추어야 한다는 법리를 말한다(권영성, 2003: 401-402).

2) 판례

헌법재판소는 보안관찰법 제2조 등의 헌법소원 사건에서 적법절차의 원칙 위반 여부에 대하여 다음과 같이 판시하고 있다.[1)]

"이 법은 법 제2조 소정의 국가보안법위반죄 등 특정범죄를 범한 자에 대하여 재범의 위험성을 예방하고 건전한 사회복귀를 촉진하기 위하여 보안관찰처분을 함으로써 국가의 안전과 사회의 안녕을 유지함에 그 입법 목적이 있고, 현재 우리와 대치하고 있는 북한공산집단이 소위 남조선적화혁명노선을 포기하지 아니하고 간첩 등 공작원을 남파하여 적화공세를 펴고 있는 것이나, 또한 북한공산집단이나 그에 동조하는 자들이 국가의 안전보장을 위태롭게 하는 범죄를 저질러 유죄판결을 받고 있는 사례가 허다한 현실에 비추어, 이 법은 우리의 국가적 이념이고 우리 헌법의 정치적 기본질서이기도 한 자유민주적 기본질서를 유지·보장하기 위한 수단으로 기능한다 할 것이어서 그 입법목적의 정당성이 인정된다. (…… 중간 생략 ……) 법 제12조의 보안관찰처분심의위원회의 의결을 거쳐 법무부장관으로부터 보안관찰처분을 받은 자(피보안관찰자)는 인적·물적 환경, 주요활동사항, 통신·회합한 사항 및 여행에 관한 사항 등 법령이 정한 사항에 대하여 신고하여야 할 의무를 부담하게 되나(법 제18조, 같은 법 시행령 제24조), 그 신고의무 외에는 피보안관찰자에게 별다른 의무를 부과하거나, 신체의 자유 내지 거주·이전의 자유 등에 대한 제한을 거의 가하지 아니하고 있다. 따라서 구 사회안전법이 보호관찰처분·주거제한처분·보안감호처분을 두고 재범의 위험성의 정도 및 각 처분의 위반에 따라 단계적으로 일정한 장소에 수용하여 교화·감화하도록 하는 등, 이른바 자유박탈의 처분까지 명할 수 있게 하였음에 대하여, 이 법상의 보안관찰처분은 국가의 안전과 사회의 안녕을 유지하기 위하여 필요한 최소한의 자유제한적인 의무만을 부과하고 있어, 형사벌로서의 제재라기보다는 오히려 행정상의 의무부과에 가깝다고 할 수 있다. 뿐만 아니라 검사 및 사법경찰관리는 피보안관찰자의 재범을 방지하고 건전한 사회복귀를 촉진하기 위하여 이

---

1) 헌재결, 1997.11.27, 92헌바28.

법 소정의 지도·조치를 할 수 있으며(법 제19조, 같은 법 시행령 제25조), 피보안관찰자가 자조의 노력을 함에 있어 그의 개선과 자위를 위하여 필요하다고 인정되는 적절한 보호를 할 수 있고(법 제20조, 같은 법 시행령 제26조 내지 제28조), 피보안관찰자에게 부상·질병 기타 긴급한 사유가 발생하였을 때에는 필요한 구호를 할 수 있도록 규정하고 있는 등(법 제21조, 같은 법 시행령 제30조), 법은 피보안관찰자의 사회복귀를 위한 보호·응급구호를 상세히 규정하고 있는 것이다. (…… 중간 생략 ……) 또한 이 법은 검사가 보안관찰처분 청구를 한 때에는 지체 없이 처분청구서등본을 피청구자에게 송달하여야 하고(법 제8조 제4항), 피청구자는 처분청구서등본을 송달받은 날부터 7일 이내에 법무부장관 또는 위원회에 서면으로 자기에게 이익된 사실을 진술하고 자료를 제출할 수 있도록 규정하고 있고(법 제13조제1항), 또한 처분대상자는 관찰처분면제신청을 할 수 있고(법 제11조제2항) 그 면제결정신청에 대하여 기각결정을 받은 자가 그 결정에 이의가 있는 때에는 그 기각결정이 있는 날로부터 60일 이내에 서울고등법원에 행정소송을 제기할 수 있으며(법 제23조 단서), 보안관찰처분 결정을 받은 자가 그 결정에 이의가 있을 때에는 결정이 집행된 날부터 60일 이내에 서울고등법원에 행정소송을 제기할 수 있도록 규정하고 있는 등(법 제23조 본문) 보안관찰처분의 심의·의결 과정에서 피청구자에게 통지 및 의견진술권을 부여하고 있을 뿐 아니라, 사후구제 절차를 법원의 판단에 의하도록 하고 있다. 따라서 이상 살펴 본 바와 같이 위 조항들은 우리나라의 자유민주적 기본질서, 북한 공산주의자들과 대치하고 있는 현실적 상황 등을 고려한 것으로서 그 법이 추구하는 입법목적의 정당성, 국민에게 부과되는 자유제한의 정도, 보안관찰처분심의위원회의 구성과 보안관찰처분의 개시 및 불복절차에 비추어 적법절차의 원칙이 요청하는 합리성, 정당성 및 절차적 공평성을 갖추고 있다고 할 것이므로 헌법 제12조제1항 후문의 적법절차의 원칙에 위배되지 아니한다."

2. 무죄추정의 원칙

1) 의의

헌법 제27조 제4항은 "형사피고인은 유죄의 판결이 확정될 때까지는 무죄로 추정된다.”라고 규정하고 있다.

무죄추정의 원칙은 재판제도가 있는 법치국가에서는 당연한 논리적 귀결이다. 뿐만 아니라 인간의 존엄성을 기본권 질서의 가치적인 핵으로 보장하고 있는 헌법질서 내에서 무죄추정의 원칙은 국가적인 형벌작용의 필연적인 기속원리가 아닐 수 없다. 유죄의 확정판결이 있기도 전에 유죄로 취급되어 부당한 처우를 받는 상황이 허용되는 경우에는 인간의 존엄성을 찾을 길이 없게 된다. 헌법은 형사피고인에 대한 무죄추정의 원칙만을 밝히고 있지만 형사피의자도 마땅히 무죄추정의 원칙에 의한 인신의 보호를 받는다. 공소가 제기된 형사사건 피고인에게 무죄추정의 원칙을 적용하면서 아직 공소조차 제기되지 아니한 형사피의자에게 그 적용을 배제하는 것은 자가당착에 지나지 않기 때문이다. ‘유죄의 판결’의 의미는 실형 판결은 물론 형의 면제, 선고유예, 집행유예 판결은 포함되지만, 실체적인 문제에 대한 판단이 없이 재판을 형식적으로 종결시키는 면소판결을 받은 사람에 대해서는 계속해서 무죄추정의 원칙이 적용된다(허영, 2005: 360-361).

보안처분과 관련해서는 특히 무죄추정 원칙의 적용범위가 문제될 수 있다. 보안처분에 대한 무죄추정의 원칙의 적용범위에 대해서는 크게 두 가지 견해로 나누어 볼 수 있다(김혜정, 2003: 353-358).

첫째, 무죄추정의 원칙을 오직 형사절차에 국한하려는 견해이다. 헌법에서 무죄추정의 원칙을 형사피고인의 기본권으로 규정하고 있고, 국가형벌권으로부터 피의자 및 피고인을 보호하는 것이 이 원칙의 임무이고 이 원칙은 형사피의자와 형사피고인의 기본권으로서 적법절차의 원칙, 공정한 재판을 받을 권리 등과 동등한 서열로 파악된다는 점에서 그 적용범위에 관한 이유를 찾는다. 이 견해에 의하면, 비형사절차 영역에서 무죄추정의 원칙이 적용되지 않더라도 다른 법원칙들에 의해 유죄판결 확정 전에 야기될 수 있는 각종 불이익으로부터 피의자 및 피고인을 보호할 수 있기 때문에 형사절차 이외의 다른 영역에서는 무죄추정의 원칙이 적용될 여지가 없다고 본다. 둘째, 무죄추정의 원칙을 일반법원리의 차원에서 파악하여 그 적용범위를 확장하려는 견해이다. 이 견해에 의하면 보안처분에까지 무죄추정의 원칙이 적용될 수 있다. 무죄추정의 원칙의 적용범위를 대폭 확장하는 점에서 긍정적인 면이 있지만, 이 원칙의 일반성 및 포괄성으로 인해 적용대상이 없게 되는 경우가 생길 우려가 있다는 비판이 있음에도 불구하고 무죄추정의 원칙을 형사절차 이외에서 발생하는 기본권제한이라는 불이익의 경우에 까지 확대한 것은 긍정적인 일이라고 한다.

2) 판례

헌법재판소는 변호사법 제15조에 대한 위헌법률심판 사건에서 무죄추정의 원칙의 내용과 적용범위에 대해 다음과 같이 판시하고 있다.[2)]

"공소제기가 된 피고인이라도 유죄의 확정판결이 있기까지는 원칙적으로 죄가 없는 자에 준하여 취급하여야 하고 불이익을 입혀서는 안 된다고 할 것으로 가사 그 불이익을 입힌다 하여도 필요한 최소 제한에 그치도록 비례의 원칙이 존중되어야 한다는 것이 헌법 제27조 제4항의 무죄추정의 원칙이며, 여기의 불이익에는 형사절차상의 처분에 의한 불이익뿐만 아니라 그 밖의 기본권 제한과 같은 처분에 의한 불이익도 입어서는 아니 된다는 의미도 포함된다고 할 것이다."

3. 과잉금지의 원칙

1) 의의

과잉금지의 원칙이란 행정주체가 구체적인 행정목적을 실현함에 있어서 그 목적 실현과 수단 사이에 합리적인 비례관계가 유지돼야 한다는 것을 말하며, '광의의 비례원칙'이라고도 한다. 이 원칙은 법치국가원리의 파생 원칙의 하나이므로 법치국가원리를 택하고 있는 나라에 있어서는 헌법적 차원의 법원칙으로서의 성질과 효력을 지닌다고 할 수 있다. 과잉금지의 원칙은 당초 독일에서 경찰법상의 판례법으로 발전되었던 것인데, 현재는 각주의 경찰법에 명시되어 있는 법원칙으로 되어 있다. 우리나라에도 경찰관직무집행법 제1조 제2항은 "이 법에 규정된 경찰관의 직권은 그 직무수행에 필요한 최소한도 내에서 행사되어야 한며 이를 남용하여서는 아니 된다."라고 규정하고 있으며, 헌법 제37조 제2항은 "국민의 모든 자유와 권리는 … 필요한 경우에 한하여 법률로써 제한할 수 있으며 … "라고 규정하고 있어 과잉금지의 원칙을 표현하고 있다고 볼 수 있다(김남진,

2) 헌재결, 1990.11.19, 90헌가48.

2001: 48).

과잉금지의 원칙은 적합성의 원칙, 필요성의 원칙, 상당성의 원칙을 내용으로 한다. 첫째, 적합성의 원칙이란 행정기관이 취한 조치 또는 수단이 그가 의도하는바 목적을 달성하는 데에 적합해야 함을 의미한다. 어떠한 조치 하나만으로 목적을 달성할 수 있는 것이 아니고, 다른 조치·수단과 합쳐져서 목적을 달성할 수 있는 경우에도 동 원칙은 충족되는 것으로 볼 수 있다. 둘째, 필요성의 원칙이란 행정조치는 설정된 목적을 실현하기 위하여 필요한 한도 이상으로 행해져서는 안 된다는 것을 말한다. 다시 말하면, 일정한 목적을 달성할 수 있는 수단이 여러 가지 있는 경우에, 행정기관은 그 중에서 관계자에게 가장 적은 부담을 주는 수단을 선택해야 한다는 것이다. 이러한 의미에서 필요성의 원칙은 '최소 침해의 원칙'이라고도 일컬어진다. 셋째, 상당성의 원칙이란 어떤 행정조치가 설정된 목적 실현을 위하여 필요한 경우라 할지라도 그 행정조치를 취함에 따른 불이익이 그것에 의해 초래되는 이익보다 큰 경우에는 당해 행정조치를 취해서는 안 된다는 것을 말한다. 이 원칙을 '협의의 비례원칙'이라고도 한다(김남진, 2001: 49-50).

형벌은 책임주의에 의해 제한을 받지만 보안처분은 책임에 따른 제재가 아니므로 책임주의의 제한을 받지 않는다. 그러나 보안처분도 헌법에 의하여 보장된 개인의 자유를 침해하는 제재이므로 일반적인 법원칙으로서의 비례의 원칙이 적용되는 범위에서 정당화될 수 있다고 해야 한다. 즉 보안처분은 행위자에 의하여 행해진 범죄와 장래에 기대될 범죄 및 위험성의 정도와 균형이 유지되지 않으면 안 된다(이재상, 2003: 612).

2) 판례

헌법재판소는 국토이용관리법 제31조의2 등에 대한 위헌법률심판 사건에서 토지거래허가제가 헌법상 과잉금지의 원칙에 위배되는지 여부와 관련하여 다음과 같이 판시하고 있다.[3)]

"토지거래허가제가 재산권의 본질적인 내용을 침해하는 것이 아니라고 하더라도 토지의 투기적거래 및 지가상승을 억제하기 위하여서는 토지거래신고제나 조세제도 등의 개선으로 충분히 그 목적을 달성할 수 있는데도 토지거래허가제라는 과도한 방법을 선

3) 헌재결, 1989.11.19, 88헌가13.

택하고 있는 것은 위 목적달성에만 급급한 과잉조치이므로 위헌이라는 견해에 대하여 살펴보면, 무릇 국가가 입법, 행정 등 국가작용을 함에 있어서는 합리적인 판단에 입각하여 추구하고자 하는 사안의 목적에 적합한 조치를 취하여야 하고, 그때 선택하는 수단은 목적을 달성함에 있어서 필요하고 효과적이며 상대방에게는 최소한의 피해를 줄 때에 한해서 그 국가작용은 정당성을 가지게 되고 상대방은 그 침해를 감수하게 되는 것이다. 그런데 국가작용에 있어서 취해진 어떠한 조치나 선택된 수단은 그것이 달성하려는 사안의 목적에 적합하여야 함은 당연하지만 그 조치나 수단이 목적달성을 위하여 유일무이한 것일 필요는 없는 것이다. 국가가 어떠한 목적을 달성함에 있어서는 어떠한 조치나 수단 하나만으로서 가능하다고 판단할 경우도 있고 다른 여러 가지의 조치나 수단을 병과 하여야 가능하다고 판단하는 경우도 있을 수 있으므로 과잉금지의 원칙이라는 것이 목적달성에 필요한 유일의 수단선택을 요건으로 하는 것이라고 할 수는 없는 것이다. 물론 여러 가지의 조치나 수단을 병행하는 경우에도 그 모두가 목적에 적합하고 필요한 정도내의 것이어야 함은 말할 필요조차 없다. 그렇다면 토지의 투기적거래 억제라는 목적달성을 위하여서도 한 가지 또는 여러 가지의 조치나 수단을 취할 수 있다고 할 것이고, 그 방법의 선택은 현실의 토지의 상태, 투기적 거래의 상황, 정도 등 여러 요인들에 의해서 결정될 성질의 것이며, 이는 입법권자의 입법재량의 범위에 속하는 문제라고 할 것이다. 토지의 투기적 거래를 억제하는 조치나 수단으로서는 등기제도, 조세제도, 행정지도, 개발이익환수제, 토지거래신고제, 토지거래실명제 등의 활용 또는 제도개선으로 충분하다는 견해도 있으나 위 제도만으로 투기억제에 미흡함은 건설부의 소상한 설명을 들을 필요도 없이 토지거래의 현실에서 국민 대다수의 체험으로 확인되고 있는 것이다. 따라서 국가가 토지거래허가제라는 보다 강한 규제수단을 선택한 것은 결국 그 당시 토지의 투기적 거래의 상황과 정도에 비추어 불가피했던 것으로 상황과 정도의 변화에 따라 새로운 정책이 입안되고 그에 따라서 새로운 조치나 수단이 취해지거나 기존제도의 내용이 변경될 수도 있는 것이다. 그렇다면 결국 토지거래허가제가 과잉금지의 원칙에 위반되느냐는 이미 살펴본 토지소유권의 상대성, 토지소유권 행사의 사회적 의무성, 우리나라의 토지문제와 그와 밀접히 결부된 산업 · 경제상의 애로, 주택문제의 심각성, 토지의 거래실태, 투기적 거래의 정도 등을 종합하여 판단하지 않을 수 없고, 또 현재 그것이 전혀 목적에 적합하지 아니하다거나 따로 최소 침해의 요구를 충족시켜 줄 수 있는 최선의 방법이 제시되어 있다거나 아니면 쉽게 찾을 수 있다거나 함과 같은 사정이 없는 상황에서는 토지거래허가제를 비례의 원칙 내지 과잉금지의 원칙에 어긋난다고 할 수는 없다고 할 것이다."

4. 이중처벌금지의 원칙

1) 의의

헌법 제13조 제1항 후단은 "동일한 범죄에 대하여 거듭 처벌받지 아니한다."라고 규정하고 있다.

한 번 형사판결이 확정되어 기판력(실체적 확정력)이 발생하면 같은 사건에 대해서는 다시 심판할 수 없다는 이중처벌금지의 원칙을 규정한 것이다. 이중처벌금지의 원칙은 법치국가의 중요한 내용으로 간주되는 법적 안정성과 신뢰의 보호에 바탕을 둔 일사부재리의 원칙이 특별히 국가의 형벌권을 기속하는 원리로 기능하는 경우에 자주 사용되는 개념이다. 이처럼 이중처벌금지의 원칙은 법적 안정성과 신뢰보호를 위한 일사부재리의 원칙의 형벌권적 내용이기 때문에 이 두 개념은 엄격히 따지자면 완전한 동의어는 아니다. 또한 이중처벌금지의 원칙은 죄형법정주의와는 그 기능의 방향과 목적을 달리한다. 이중처벌금지의 원칙이 인신의 보호를 위한 중요한 헌법상의 기속원리라고 하는 것은 당연하다. 우리나라의 입법권자는 이 기속원리를 존중해서, 확정판결이 있은 때에는 '면소의 선고'를 해야 하고, 유죄의 확정판결에 대한 재심은 그 선고받은 장의 이익을 위해서만 가능하도록 법률로 정하고 있다. 무죄의 확정판결이 있은 경우에는 설령 새로운 사실이나 증거에 의해서 범죄의 확증이 생기더라도 선고받은 자의 불이익을 위한 재심절차는 허용되지 않게 된다. 이 같은 결과가 법적 안정성과 신뢰의 보호에 바탕을 두는 이중처벌의 금지의 관점에서는 당연한 일이지만, 법치국가의 또 다른 내용인 정의실현의 관점에서는 문제점이 없지도 않다(허영, 2005: 355-356).

2) 판례

헌법재판소는 보안관찰법 제2조 등 위헌소원 사건에서 보안관찰처분이 이중처벌금지의 원칙에 위반되는지 여부에 대해 다음과 같이 판시하고 있다.[4]

"보안처분은 그 본질, 추구하는 목적 및 기능에 있어 형벌과는 다른 독자적 의의를 가진 사회보호적인 처분이므로 형벌과 보안처분은 서로 병과 하여 선고한다고 해서 그것이 헌법 제13조 제1항 후단 소정의 거듭처벌금지의 원칙에 해당되지 아니한다고 할 것인데, 이 법상의 보안관찰처분 역시 그 본질이 헌법 제12조 제1항에 근거한 보안처분인 이상, 형의 집행종료 후 별도로 이 법상의 보안관찰처분을 명할 수 있다고 하여 헌법 제13조 제1항이 규정한 일사부재리의 원칙에 위반하였다고 할 수 없다."

제4절 인권침해 실태

1. 유형별 인권침해 사례[5]

1) 보안관찰처분대상자의 경우

< 사례 1 >

김○○의 증언에 따르면, 1991. 5. 25 출소하는 아침부터 ××경찰서 보안2계 소속 경찰관이 교도소로 찾아와 환영 나온 가족들을 버려둔 채 경찰차에 탑승할 것을 요구하면서 출소신고를 강요했다. 경찰은 그날 △△식당에까지 찾아와 출소신고를 강요했으며 출소신고를 하라는 전화가 어떤 때는 새벽 5시 30분에도 오고 밤 12시에도 올 정도이다. 당시 초등학생이었던 자녀가 전화를 받아도 경찰이 말을 함부로 해 아이들이 늘 불안해했다.

---

4) 헌재, 1997.11.27, 92헌바28.
5) 박지현(1999)의 조사자료를 요약 정리한 것임

< 사례 2 >

홍○○는 교도소에서 보안관찰처분대상자라는 사실을 들은 적도 없고 출소 후 열흘 이상 경찰에서도 그 사실을 통보하지 않았다. 출소 후 7일 이내 신고하는지도 몰랐다. 그 뒤 직접 찾아가 신고했지만 날짜가 늦어 1998. 2에 벌금 100만원을 선고받았다.

< 사례 3 >

이○○는 사노맹사건 출소자로서, 전향하지 않겠느냐는 검사의 질문에 대해 내 사상은 전향을 하고 말고 할 문제가 아니다. 전향을 한다는 것은 스스로 공산주의자임을 시인하는 것이 된다. 그러나 적어도 신념에는 변함이 없다고 대답하였다. 그 후 보안관찰처분결정 통보를 받게 되었다. 보안관찰처분을 이미 받고 있는 것으로 알고 있었는데, 이제 보니 속았다는 생각이 들었고, 무슨 목적으로 조사하는 것인지도 가르쳐주지 않고 질문을 하고서는 나중에 처분결정통지서만 보낸 것임을 알았다.

2) 보안관찰처분면제자의 경우

< 사례 1 >

송○○는 보안관찰처분의 면제결정을 받은 자로 면제결정을 받은 때부터 보안관찰법에 의한 보안관찰처분대상자 또는 피보안관찰자로서의 의무를 면함에도 불구하고, 경찰관으로부터 잘 있느냐 등의 안부를 겸하여 동태를 확인하는 전화가 본인, 동거인 및 어머니에게 자주 걸려오고 있다.

< 사례 2 >

이○○는 보안관찰처분 면제자임에도 불구하고 노동절집회가 있었던 1998년 5월 1일 집에 있던 중 집회에 참석하고 있는지 여부를 파악하는 경찰관의 방문을 받아 여전히 보안관찰을 받고 있다.

3) 피보안관찰자의 경우

< 사례 1 >

김○○는 피보안관찰자로서 어떤 때에는 새벽 5시 30분에, 어떤 때에는 밤 12시에도 전화를 받았다.

< 사례 2 >

안○○는 1998년에 관할 파출소 소속 경찰관이 옆집 거주자에게 찾아가 자신을 범인 취급하며 거주여부 등을 묻고 갔다는 것을 알게 되었는데, 이튿날 같은 경찰이 다시 찾아와 고압적으로 밖으로 나오라고 해서 무슨 권한으로 오라 가라 하느냐고 따졌더니 위에서 소재 파악하라고 해서 왔다는 대답을 들었다.

< 사례 3 >

전○○는 1991년 통장으로부터 "당신 때문에 고생이다, 당신 집에 누가 오지 않는지, 어디 갔는지 등을 형사가 자꾸 묻는다."라는 말을 들었다.

< 사례 4 >

최○○는 1997년 3월 사업차 인천에 가있을 예정이었는데 그곳 경찰서에서 사업소 건물 소유자에게 최○○가 간첩죄로 복역했고 현재 보안관찰처분 중인 사실을 말하는 바람에 사업소 건물에서 퇴거를 당했다.

< 사례 5 >

김○○는 1998년 수일간의 여행 후 집에 돌아와 보니 열쇠를 뜯고 침입한 흔적이 있음을 알았는데, 경찰로부터 "선생님 몸이 불편해 아프신가 해서 문을 따고 들어갔다"는 변명을 들었다.

< 사례 6 >

최○○는 1998년 경찰로부터 "5.18때 광주 가시죠? 가시더라도 꼭 말씀해 주세요, 얘기

안 하면 제가 혼납니다."라는 말을 들었다.

< 사례 7 >

서○○는 1991년 경찰로부터 전민련에서 활동하지 말라는 전화를 받았다.

< 사례 8 >

김○○는 지인 김○○의 기일에 경찰로부터 "거기 다녀와 봐라, 다녀와서 누구누구가 왔다 갔는가 보고 오면 술을 사주겠다."는 말을 들었다.

< 사례 9 >

류○○는 1997년 중국에 있는 종질을 만나러 가고자 했으나 경찰로부터 절대 가지 못한다는 전화 경고를 받고 포기했다.

< 사례 10 >

전○○는 1993년 △△교회에서 자신의 행적과 수감생활에 관한 강연을 한 적이 있었는데, 그일 직후 그러한 내용의 강연을 금지하는 경고장을 받았다.

< 사례 11 >

신○○는 1992년 여권신청 중 경찰로부터 "전향을 하면 여권발급에 많이 도움이 될 것"이라는 제안을 받았다.

< 사례 12 >

이○○는 1994년 피보안관찰자들을 포함한 일행들과 제주도 여행을 다녀온 직후 '여행을 한 것은 위법이다. 피보안관찰자들과 만나지 말라'는 재범방지 조치서를 받았다.

< 사례 13 >

이○○는 1988년 보안감호소 출소 직후 청주양로원에서 2년간 거소를 제공받았다. 당시 이○○ 등 3명이 함께 출소하였는데 각기 다른 양로원과 충북 음성 꽃동네로 나뉘어져 갔다. 양로원으로 경찰관이 수시 방문하였으며, 심지어 다른 방문객의 면회를 방해한

적도 있고, 시내를 벗어나는 여행은 일반적으로 금지되었다. 한번은 고향을 다녀오기 위해 부천에 사는 딸의 집을 방문한다는 거짓보고를 하여, 딸의 신원보증을 받은 후 비로소 외출할 수 있었다.

2. 국가인권위원회의 조사자료

국가인권위원회는 인권실태조사의 일환으로 민주화실천가족운동협의회에 의뢰해 2001년 10월부터 12월까지 4개월간 보안관찰대상자 50명에 대한 면접조사 등 보안관찰 관련 인권침해 실태조사를 벌였다. 주요 조사항목은 보안관찰처분대상자 요건, 보안관찰처분 결정절차, 보안관찰처분 결정 및 갱신, 보안관찰처분 내용, 취소소송 실태, 보안관찰제도가 의식에 미치는 영향 등 보안관찰처분 과정에서 발생한 인권침해 실태를 조사하였다. 이 조사는 피보안관찰자 35명, 면제자 5명, 처분대상자 2명, 처분취소자 8명 등 50명에 대해 면접조사 형식으로 이루어졌다(국가인권위원회, 2004).

이 실태조사는 보안관찰처분대상자와 피보안관찰자의 인권침해 실태를 구체적으로 보여준 최초의 조사라는데 의의가 있다. 보안관찰관련 통계가 국가안전보장 등을 이유로 공개가 금지되는 현실에서 보안관찰제도의 운영상 나타나는 인권침해 실태를 가늠하게 해 주는 중요한 자료이므로 이 조사자료의 내용을 다음에서와 같이 요약·정리하였다.

1) 양심의 자유 침해

양심의 자유 침해라고 보이는 처분사유는 13건으로 26%를 차지한다. ① 전향과 준법서약서를 거부하였다(4명, 8%) ② 전향서와 준법서약을 제출하였으나, 범죄혐의를 부인하고 있다(7명, 14%) ③ 준법정신이 희박하다(2명, 4%)라는 이유로 보안관찰처분을 결정하였다.

2) 표현의 자유 침해

표현의 자유 침해라고 보이는 처분사유는 26건으로 52%를 차지한다. ① 국가보안법 및 보안관찰법 폐지와 양심수 석방을 주장하였다(16명, 32%) ② 북한은 의식주에 있어서

평등한 사회라고 진술하였다(3명, 6%) ③ 수감 중 교도소 접견시간 보장 등을 요구하며 불식하였다(1명, 2%) ④ 각종 집회에 참석하였다(5명, 10%) ⑤ 수감 중 자서전을 발간하였다(1명, 2%)라는 이유로 보안관찰처분을 결정하였다.

3) 이중처벌금지 원칙 위반

이중처벌에 해당한다고 보이는 사례는 9건으로 18%를 차지한다.① 출소신고를 거부하였다(3명, 6%) ② 원 사건이 중하여 장기 복역했다(4명, 8%) ③ 행형성적이 좋지 않았다(2명, 4%)라는 이유로 보안관찰처분을 결정하였다.

4) 사생활의 자유 침해

사생활의 자유를 침해한 것으로 보이는 사례는 18건으로 36%를 차지한다. ① 이혼 후 재혼하지 않고 있다 ② 보안관찰처분대상자인 자들이 동거 중이다(1명, 2%) ③ 일정한 직업이 없어 생활이 불안정하다(5명, 10%) ④ 처의 수입에 의존하여 하류생활을 하고 있다(7명, 14%) ⑤ 기타(2명, 4%)라는 이유로 보안관찰처분을 결정하였다.

5) 법적 권리의 제한

법적 권리를 제한한 것으로 보이는 사례는 3건으로 6%를 차지한다. ① 재심청구를 하면서 무죄를 주장하고 불만을 표시하였다(2명, 4%) ② 보안관찰처분 취소소송을 제기하였다(1명, 2%)라는 이유이다.

6) 개인의 환경을 문제 삼음

개인의 주변 환경을 문제 삼아 보안관찰처분을 결정한 사례는 9건으로 18%를 차지한다. ① 현 주거지는 간첩접선 및 침투간첩 은신, 간첩 거점 확보 등에 용이하다(1명, 2%)

② 가족이 북한에 거주하고 있다(5명, 10%) ③ 기타(3명, 6%)라는 이유로 보안관찰처분을 결정하였다.

7) 자의적인 판단

자의적인 판단에 따른 보안관찰처분 사례는 27건으로 54%를 차지한다. ① 활동능력이 왕성하다(3명, 6%) ② 출소기간이 일천하다(10명, 20%) ③ 가석방 기간 중이다(3명, 6%) ④ 인터넷 사용을 잘한다(1명, 2%) ⑤ 공범들이 출소하여 재범의 우려가 있다(7명, 14%) ⑥ 시민사회단체 관계자들을 접촉했다(3명, 6%)라는 이유이다. 특히 활동능력이 왕성하다는 이유로 보안관찰처분 결정을 내린 사례가 있는 반면에, 사회적응이 부진해서 사회활동이나 대인관계 접촉을 거의 하지 않고 있다는 이유를 들어 보안관찰처분 결정을 내린 사례도 있어 그 기준이 매우 자의적으로 적용되고 있음을 보여준다.

8) 기타 사례

보안관찰처분이 집행된 피보안관찰자는 정기신고, 주거지 이전 및 여행신고 등의 의무를 지게 되는데, 이 과정에서 인권침해가 발생하고 있는 것으로 나타났다. 먼저 신고사항이 매우 광범위하고 특별히 규정되지 않음으로 인해 양심의 자유, 거주이전의 자유, 여행의 자유, 광범위한 사생활 침해가 일어나고 있는 것으로 나타났다.

또한 경찰은 피보안관찰자에게 지도와 재범방지 조치를 할 수 있는데, 조사결과 언론·표현·집회·결사의 자유 등 헌법상 기본권을 침해하는 등 인권침해가 빈발하고 있는 것으로 나타났다. 예를 들면, 집회 참가를 막기 위해 경찰이 집에 눌러앉아 있는 등 과도하게 집회나 모임을 금지하고 있는 사례도 있었으며, 정당활동 금지, 강연내용 간섭 등 피보안관찰자의 일상생활에 과도하게 개입함으로써 인권을 침해하고 있는 것으로 나타났다. 지도의 방법에서도 가족, 친지뿐만 아니라 집주인, 직장동료, 성당교인, 아파트 경비원 등에게 피보안관찰자에 대한 정보를 요구하거나 동태파악을 하고 있는 것으로 나타나 피보안관찰자의 명예를 훼손하고 사생활을 침해한다는 논란이 있다.

보안관찰법은 집행정지 가처분 신청을 하지 못하도록 규정하고 있어 그로 인한 불이익을 받고 있는 것으로 나타났다. 조사자 가운데 보안관찰처분 취소소송을 제기한 8명은 판결로 보안관찰처분이 취소되기 전까지 신고의무 이행, 경찰의 지도조치 등 보안관찰처분의 집행을 받아야만 했다. 특히 2001년 4월 헌법재판소의 위헌결정이 내려졌음에도 여전히 효력을 발휘하고 있는 점은 문제점으로 지적되고 있다.

제2장

보안관찰처분의 요건

제1절 용어의 정의

1. 보안관찰해당범죄

'보안관찰해당범죄'란 보안관찰법 제2조 각호의 1 또는 보안관찰법 부칙 제2조 제2호에 규정된 죄를 말한다.

2. 보안관찰처분대상자

'보안관찰처분대상자'란 보안관찰해당범죄 또는 이와 경합된 범죄로 금고 이상의 형의 선고를 받고 그 형기합계가 3년 이상인 자로서 형의 전부 또는 일부의 집행을 받은 사실이 있는 자를 말한다.

3. 피보안관찰자

'피보안관찰자'란 보안관찰법 제4조 제1항의 규정에 의한 보안관찰처분을 받은 자를 말한다.

4. 주거지 관할검사 등

‘주거지 관할검사’란 주거지를 관할하는 지방검찰청 또는 지청의 검사를, ‘거주예정지 관할검사’란 거주예정지를 관할하는 지방검찰청 또는 지청의 검사를, ‘교도소등의 소재지 관할검사’란 교도소등의 소재지를 관할하는 지방검찰청 또는 지청의 검사를 말한다.

‘관할검사장’이란 관할지방검찰청 검사장 또는 지청장을 말하고, ‘관할경찰서장’이란 보안관찰처분대상자 또는 피보안관찰자의 주거지를 관할하는 경찰서장을 말한다.

5. 사안, 조사 및 용의자

‘사안’이란 보안관찰처분청구, 보안관찰처분취소청구, 보안관찰처분기간갱신청구, 보안관찰처분면제결정청구, 보안관찰처분면제결정취소청구 및 보안관찰처분면제결정신청에 관하여 조사할 내용을 말한다.

‘조사’란 보안관찰법 제9조의 규정에 의한 조사를 말하고, ‘용의자’란 보안관찰처분대상자 중 보안관찰해당범죄를 다시 범할 위험성이 있다고 의심을 받는 자를 말한다.

제2절 보안관찰해당범죄

1. 현행법 중 보안관찰해당범죄

보안관찰법 제2조에서는 현행 형법, 군형법 및 국가보안법 중 보안관찰해당범죄를 규정하고 있는데, 해당 조문의 내용은 다음과 같다.

1) 형법

내란목적의살인·내란목적의살인 미수범·내란목적의살인 예비, 음모, 선동, 선전 · 외환유치 · 유환유치 미수범 · 외환유치 예비, 음모, 선동, 선전 · 여적 · 여적 미수범 · 여적 예비,

음모, 선동, 선전·모병이적·모병이적 미수범·모병이적 예비, 음모, 선동, 선전·시설제공이적·시설제공이적 미수범·시설제공이적 예비, 음모, 선동, 선전·시설파괴이적·시설파괴이적 미수범·시설파괴이적 예비, 음모, 선동, 선전·물건제공이적·물건제공이적 미수범·물건제공이적 예비, 음모, 선동, 선전·간첩·간첩 미수범·간첩 예비, 음모, 선동, 선전·일반이적6)

2) 군형법

반란·반란 미수범·반란 예비, 음모, 선동, 선전·반란목적의군용물탈취·반란목적의군용물탈취 미수범·반란목적의 군용물탈취 예비, 음모, 선동, 선전·반란불보고·군대및군용시설제공·군대및군용시설제공 미수범·군대및군용시설제공 예비, 음모, 선동, 선전·군용시설등파괴·군용시설등파괴 미수범·군용시설등파괴 예비, 음모, 선동, 선전·간첩·간첩 미수범·간첩 예비, 음모, 선동, 선전·일반이적·일반이적 미수범·일반이적 예비, 음모, 선동, 선전7)

3) 국가보안법

목적수행, 자진지원·금품수수, 잠입·탈출, 편의제공 등의 죄8)

2. 구법 중 보안관찰해당범죄

보안관찰법(법률 제4132호, 1989.6.16.) 부칙 제2조에서는 9개의 구법 중 보안관찰해당범죄를 규정하고 있는데, 해당 조문의 내용은 다음과 같다.9)

---

6) 형법 제88조·제89조(제87조의 미수범을 제외한다)·제90조(제87조에 해당하는 죄를 제외한다)·제92조 내지 제98조·제100조(제99조의 미수범을 제외한다) 및 제101조(제99조에 해당하는 죄를 제외한다)

7) 군형법 제5조 내지 제8조·제9조제2항 및 제11조 내지 제16조

8) 국가보안법 제4조, 제5조(제1항중 제4조제1항제6호에 해당하는 행위를 제외한다), 제6조, 제9조제1항·제3항(제2항의 미수범을 제외한다)·제4항

9) 부칙 제2조 (보안관찰처분대상자에 대한 경과조치) 다음 각호의 1에 해당하는 자는 이 법 적용에

1) 구형법

외환유치, 시설제공이적, 시설파괴이적, 물건제공이적, 간첩 및 동 범죄의 미수, 예비, 음모 등의 죄

2) 구비상사태하의범죄처벌에관한특별조치령

살인 등, 타인의 재물강취, 정보제공 등의 죄

3) 구국가보안법(법률 제10호)

결사·집단의 구성, 범죄결사집단의 처벌과 그 해산명령 위반, 협의·선동·선전, 자진방조 등의 죄

4) 구국가보안법(법률 제85호)

목적결사 또는 집단조직 등, 자진목적결사 또는 집단조직 등 및 동 범죄의 방조, 미수,

있어서 보안관찰처분대상자로 본다.

1. 이 법 시행당시 법 제3조에 해당하는 자
2. 이 법 시행당시 구형법 제81조 내지 제85조·제87조(제86조의 미수죄를 제외한다) 및 제88조(제86조에 해당하는 죄를 제외한다), 구비상사태하의범죄처벌에관한특별조치령 제3조 내지 제5조, 법률 제10호 구국가보안법 제1조 내지 제4조, 법률 제85호 구국가보안법 제1조 내지 제5조, 법률 제500호 구국가보안법 제6조 내지 제20조(제17조제4항을 제외한다)·제21조제1항·제25조 및 제28조(제17조제4항·제21조제2항 내지 제4항의 예비·음모·미수범을 제외한다), 법률 제549호 구국가보안법 제2조 내지 제8조(제1조의 미수범, 예비·음모 및 제5조제2항의 예비·음모를 제외한다), 법률 제643호 반공법 제6조(제4항중 국외의 공산계열의 지령을 받고 또는 받기 위하여 잠입·탈출한 행위 및 그 미수범, 예비·음모를 제외한다) 및 제7조, 구국방경비법 제32조 및 제33조, 구해안경비법 제8조의2 및 제9조의 규정에 의한 죄 또는 이와 경합된 범죄로 금고 이상의 형의 선고를 받고 그 형기합계가 3년 이상인 자로서 형의 전부 또는 일부의 집행을 받은 사실이 있는 자<개정 1991.11.22.>
3. 이 법 시행당시 제2호에 게기된 죄를 범한 자중 이 법 시행후에 제2호에 게기된 죄 또는 이와 경합된 범죄로 금고 이상의 형의 선고를 받고 그 형기합계가 3년 이상인 자로서 형의 전부 또는 일부의 집행을 받은 사실이 있는 자

협의·선동·선전 등의 죄

5) 구국가보안법(법률 제500호)

결사·집단의 구성, 단체의 구성, 군사단체의 구성등, 금품수수·관여·권유, 살상·방화·소요·중요시설등 손괴. 국가기밀의 탐지·수집·누설등, 정보수집, 국가기밀·정보의 교부·전달·중개, 손괴·은닉·위조·변조 등, 약취·유인·이동·취거, 약속·협의·선동·선전 등, 군인·공무원 등에 대한 반항선동, 왕래·잠입·은거, 취임·입대·피선, 편의제공, 특별법위반에 대한 형의 가중 및 동 범죄의 예비, 음모, 미수 등의 죄

6) 구국가보안법(법률 제549호)

군사목적수행, 일반목적수행, 선동·선전, 자진지원 등, 불법지역왕래 및 동 범죄의 미수, 예비, 음모 등의 죄

7) 구반공법

탈출·잠입, 편의제공 등의 죄

8) 구국방경비법

적에 대한 구원, 간첩 등의 죄

9) 구해안경비법

이적, 간첩 등의 죄

제3절 보안관찰처분대상자

1. 의의

보안관찰처분대상자는 보안관찰해당범죄 또는 이와 경합된 범죄로 금고 이상의 형을 선고받고 그 형기합계가 3년 이상인 자로서 형의 전부 또는 일부의 집행을 받은 사실이 있는 사람을 의미한다.

2. 요건

보안관찰처분대상자에 해당되기 위한 요건을 개념적으로 구분하여 설명하면 다음과 같다.

1) 보안관찰해당범죄 또는 이와 경합된 범죄

형법상 간첩죄 또는 국가보안법상의 잠입죄 등 보안관찰해당범죄만으로 형의 선고를 받은 경우뿐만 아니라, 보안관찰해당범죄 이외의 국가보안법상 찬양·고무죄 또는 형법상의 절도죄나 강도죄 등 보안관찰해당범죄가 아닌 일반범죄와 경합된 죄로 형의 선고를 받은 경우에도 이에 해당된다. 여기서의 경합은 실체적 경합뿐만 아니라 상상적 경합을 포함한다.

예를 들어 설명하면, A가 비상사태하의 범죄처벌에 관한 특별조치령(정보제공 등) 위반으로 징역 2년을 선고받고 그 형이 확정되어 집행을 받던 중, 동 범죄 이전의 살인죄가 발각되어 형법 제37조 후단의 경합범으로 다시 징역 10년을 선고받아 그 형이 확정되어 집행을 받은 경우, A는 보안관찰해당범죄와 일반범죄의 실체적 경합범이므로 보안관찰처분대상자가 된다.

2) 금고 이상의 형의 선고를 받고 그 형기합계가 3년 이상인 자

단 1회의 보안관찰해당범죄 또는 이와 경합된 범죄로 금고 3년 이상을 선고받은 경우뿐만 아니라, 2회 이상 금고 이상의 형을 받고 그 형기 합계가 3년 이상인 경우에도 이에 해당된다. 말하자면, 금고 이상의 형의 선고를 받아야만 하고, 선고의 횟수는 제한이 없는 대신에 형기 합계가 3년 이상이어야 한다. 한편 형기합계를 계산함에 있어 소년법 제60조 제1항의 규정에 의한 부정기형이 선고된 경우에는 그 단기를 형기로 한다(보안관찰법시행령 제3조).

예를 들어 설명하면, B가 국가보안법(편의제공) 위반으로 징역 1년 집행유예 2년을 선고받았으나 집행유예 경과 전에 다시 국가보안법(금품수수)을 위반하여 징역 2년을 선고받아 그 형이 확정된 후 종전의 집행유예가 실효되어 편의제공으로 인한 징역 1년과 금품수수로 인한 징역 2년을 집행 받아 합계 3년의 징역을 함께 집행 받은 경우, B는 금고 이상의 형의 선고를 받고 그 형기합계가 3년 이상인 징역을 집행 받았으므로 보안관찰처분대상자가 된다.

3) 형의 일부 또는 전부를 집행 받은 사실

금고 3년 이상의 형이 확정되었으나 집행되기 전에 사면되었거나 집행유예 또는 선고유예를 받은 자는 제외한다. 따라서 형의 일부 또는 전부를 집행 받은 사실이 있어야 하므로 형의 확정 후 집행 도중에 사면을 받거나 가석방된 경우는 보안관찰처분대상이 되지만, 재판 도중 사면되거나 집행유예, 선고유예를 받은 경우는 제외된다. 한편 보안관찰해당범죄 또는 이와 경합된 범죄를 징역 3년에 집행유예 5년을 선고받았으나 그 유예기간 내의 재범으로 인하여 집행유예가 실효되어 유예된 형의 집행을 받은 경우에는 이에 해당된다.

예를 들어 설명하면, C가 구반공법(탈출) 위반으로 징역 3년 집행유예 5년을 선고받아 그 형이 확정된 경우, C는 형의 일부 또는 전부를 집행 받은 사실이 없으므로 보안관찰처분대상자가 되지 않는다.

제4절 재범의 위험성

1. 의의

재범의 위험성이란 보안관찰처분대상자가 보안관찰해당범죄를 다시 범할 위험성을 말한다. "재범의 위험성을 어떻게 판단할 것인가?"에 대한 명확한 기준을 제시한다는 것은 사실상 불가능한 일이다. 그 만큼 재범의 위험성은 주관적 판단이 개입될 여지가 많은 부분이기 때문이다.

보안관찰처분대상자 중 보안관찰해당범죄를 다시 범할 위험성이 있다고 인정할 충분한 이유가 있어 재범의 방지를 위한 관찰이 필요한 자에 대하여는 보안관찰처분을 한다. 보안관찰처분을 받은 자는 법령이 정하는 바에 따라 소정의 사항을 주거지 관할경찰서장(이하 "관할경찰서장")에게 신고하고, 재범방지에 필요한 범위 안에서 그 지시에 따라 보안관찰을 받아야 한다(보안관찰법 제4조).

2. 판단의 근거

검사가 보안관찰처분청구서를 제출할 때에는 청구의 원인이 되는 사실을 증명할 수 있는 자료(이하 "증명자료")와 의견서를 첨부하여야 한다(보안관찰법 제8조 제3항). 따라서 증명자료와 의견서는 재범의 위험성을 판단할 수 있는 근거가 될 수 있다.

1) 증명자료

검사는 보안관찰청구를 하는 때에는 청구의 원인이 되는 사실을 증명할 수 있도록 피청구자에 대한 자료를 첨부하여야 한다. 다만, 특별한 사유가 있는 경우에는 해당자료 중 일부를 첨부하지 아니할 수 있다(보안관찰법시행규칙 제32조). 청구의 원인이 되는 사실을 증명할 수 있는 피청구자에 대한 자료, 즉 증명자료의 내역은 다음과 같다.

① 사안조사기록
② 주민등록표등본
③ 범죄경력조회서
④ 행형기록 사본
⑤ 보안관찰해당범죄에 대한 판결문 등본
⑥ 보안관찰처분대상자 관리부등본
⑦ 기타 재범의 위험성 유무를 판단할 수 있는 자료

2) 의견서

검사가 보안관찰처분청구서를 제출할 때에는 청구의 원인이 되는 사실을 증명할 수 있는 자료와 의견서를 첨부하여야 한다. 의견서에는 청구취지와 적용법조에 관한 의견을 기재하여야 한다(보안관찰법시행령 제12조 제2항).

<그림 2-1>의 의견서는 검사의 주관적인 의견을 기재한 서류이지만 재범의 위험성을 판단하는 데 있어서 핵심적인 역할을 한다고 볼 수 있다. 의견서에는 본적 · 주거 · 직업 · 주민번호 · 성명 · 생년월일 등 피청구자의 인적사항과 청구취지, 적용법조, 검사의 의견 등을 기재한다.

3. 판단의 시기

재범의 위험성을 판단하는 일은 불확실한 장래의 사실에 대한 위험성을 현재에 미리 예견하는 것이다. 따라서 언제 시점부터 그 위험성을 판단할 것인가의 여부는 중요한 문제가 된다.

보안관찰법에서는 형벌 집행 후 보안관찰처분을 집행하도록 규정하고 있으므로 보안관찰해당범죄를 다시 범할 위험성을 판단하는 시기는 법무부장관의 보안관찰처분의 결정이 있은 때라고 보는 것이 타당하다고 볼 수 있다.

〈그림 2-1〉 의견서

<table>
<tr><td colspan="3">의 견 서
년 월 일
지방검찰청
검사 (인)</td></tr>
<tr><td>피
청
구
자</td><td>본적
주거
직업
주민등록번호
성명
생년월일</td><td>( )</td></tr>
<tr><td colspan="2">청구취지</td><td></td></tr>
<tr><td colspan="2">적용법조</td><td></td></tr>
<tr><td>의
견</td><td colspan="2"></td></tr>
</table>

제5절 보안관찰처분의 기간

1. 기간 및 그 정지

보안관찰처분의 기간은 2년이다. 법무부장관은 검사의 청구가 있는 때에는 보안관찰처분 심의위원회의 의결을 거쳐 그 기간을 갱신할 수 있다(보안관찰법 제5조).

보안관찰처분의 집행중지결정이 있거나 징역·금고·구류·노역장유치 중에 있는 때, 사회보호법에 의한 감호의 집행 중에 있는 때 또는 치료감호법에 의한 치료감호의 집행 중에 있는 때에는 보안관찰처분의 기간은 그 진행이 정지된다.

2. 기간의 계산

보안관찰처분의 기간은 보안관찰처분 결정을 집행하는 날부터 계산한다. 이 경우 초일은 산입한다. 보안관찰법 제18조 제1항 내지 제4항의 규정에 의한 신고를 하지 아니한 기간은 보안관찰처분 기간에 산입하지 아니한다.

통상적으로 피보안관찰자에 대하여 보안관찰이 가능한 시점인 결정서 등본 수령일이 집행기산일로 본다. 집행지휘일자와 결정서 등본 수령일이 다른 경우 등본 수령일 또는 등본 수령 거부하는 경우에는 고지일이 집행 개시일이 된다. 기간 갱신의 경우에는 전의 처분 기간 만료 이튿날부터 기산한다.

제3장

보안관찰처분의 결정절차

제1절 보안관찰처분대상자의 신고

1. 출소 전 신고

1) 교도소등의 장의 통고 및 고지

교도소, 소년교도소, 구치소, 유치장, 군교도소 또는 영창(이하 "교도소등")의 장은 보안관찰해당범죄 또는 이와 경합된 범죄로 금고 이상의 형의 선고를 받고 그 형기합계가 3년 이상인 자로서 형의 전부 또는 일부의 집행을 받은 사실이 있는 자, 즉 '보안관찰처분대상자'에 해당하는 자가 생길 때에는 지체 없이 위원회와 거주예정지를 관할하는 검사 및 경찰서장에게 통고하여야 한다. 교도소등의 장의 보안관찰처분대상자 발생통고는 <그림 3-1>의 서식에 의한다.

교도소등의 장은 수용되어 있는 보안관찰처분대상자가 출소할 때에는 보안관찰법 제6조 제1항 및 제2항의 규정[10]에 의하여 거주예정지 관할경찰서장에게 신고할 것을 고지

10) 제6조 (보안관찰처분대상자의 신고) ① 보안관찰처분대상자는 대통령령이 정하는 바에 따라 그 형의 집행을 받고 있는 교도소, 소년교도소, 구치소, 유치장, 군교도소 또는 영창(이하 "교도소등"이라 한다) 에서 출소 전에 거주예정지 기타 대통령령으로 정하는 사항을 교도소등의 장을 경유하여 거주예정지 관할경찰서장에게 신고하고, 출소 후 7일 이내에 그 거주예정지 관할

하여야 한다.

2) 보안관찰처분대상자의 신고

보안관찰처분대상자는 교도소등에서 출소 전에 거주예정지 및 기타 사항을 교도소등의 장을 경유하여 거주예정지 관할경찰서장에게 신고하여야 한다(보안관찰법 제6조 제1항).

법무부장관은 보안관찰처분대상자 또는 피보안관찰자 중 국내에 가족이 없거나 가족이 있어도 인수를 거절하는 자에 대하여는 거주할 장소(이하 "거소")를 제공할 수 있다. 따라서 보안관찰처분대상자가 국내에 가족이 없거나 가족이 있어도 인수를 거절하는 경우에는 법무부장관이 제공하는 거소를 거주예정지로 신고하여야 한다.

보안관찰처분대상자의 출소 전 신고는 <그림 3-2>의 신고서에 의한다. 보안관찰처분대상자가 출소 전에 신고할 때에는 다음의 사항을 기재한 신고서 5부를 작성하여 교도소등의 장에게 제출하여야 한다(보안관찰법시행령 제6조 제1항).

① 원적 · 본적 · 주거(실제로 생활하는 거처) · 성명 · 생년월일 · 성별 · 주민등록번호
② 가족 및 교우관계
③ 입소전의 직업 · 본인 및 가족의 재산상황
④ 학력 · 경력
⑤ 종교 및 가입한 단체
⑥ 병역관계
⑦ 출소예정일
⑧ 출소후의 거주예정지 및 그 도착예정일
⑨ 보안관찰해당범죄사실의 요지 · 판결법원 · 판결연월일 · 죄명 · 적용법조 · 형명 · 형기

경찰서장에게 출소사실을 신고하여야 한다. 제20조제3항에 해당하는 경우에는 법무부장관이 제공하는 거주할 장소(이하 "거소"라 한다)를 거주예정지로 신고하여야 한다.

② 보안관찰처분대상자는 교도소등에서 출소한 후 제1항의 신고사항에 변동이 있을 때에는 변동이 있는 날부터 7일이내에 그 변동된 사항을 관할경찰서장에게 신고하여야 한다. 다만, 제20조제3항에 의하여 거소제공을 받은 자가 주거지를 이전하고자 할 때에는 미리 관할경찰서장에게 제18조제4항 단서에 의한 신고를 하여야 한다.

⑩ 보안관찰해당범죄외의 전과관계

⑪ 보안관찰법 제20조 제3항에 해당하는 경우에는 거소제공 결정일자와 제공된 사회복지시설등의 명칭 및 그 소재지

교도소등의 장은 신고서 1부씩을 보안관찰처분 심의위원회(이하 "위원회")와 거주예정지 관할 검사 및 경찰서장에게 각각 송부하여야 한다. 교도소등의 장은 신고서를 송부할 때에는 보안관찰해당범죄에 대한 판결문사본·행형성적 기타 필요한 서류를 각각 첨부하여야 한다.

3) 관할경찰서장의 조치

교도소등의 장으로부터 보안관찰처분대상자의 신고서를 송부 받은 거주예정지 관할 경찰서장은 <그림 3-3> 보안관찰처분대상자·피보안관찰자신고서 접수부와 <그림 3-4> 보안관찰처분대상자 관리부에 관련 사항을 기재하고 관리하여야 한다.

2. 출소 후 신고

1) 교도소등의 장의 통보

교도소등의 장은 보안관찰처분대상자 신고를 한 자가 출소한 때에는 지체 없이 다음의 사항을 거주예정지 관할경찰서장에게 통보하여야 한다(보안관찰법시행령 제8조 제1항). 교도소등의 장이 행하는 보안관찰처분대상자의 출소사실 통보는 <그림 3-5>의 서식에 의한다.

① 원적 · 본적 · 주거 · 성명 · 생년월일 · 성별 · 주민등록번호

② 출소일 및 출소사유

③ 거주예정지 및 그 도착예정일시

④ 행장의 양부

⑤ 건강상태

⑥ 사상전향 여부

⑦ 기타 필요한 사항

거주예정지 관할경찰서장은 교도소등의 장으로부터 보안관찰처분대상자의 출소 통보를 받은 경우 이 사실을 보안관찰처분대상자 관리부에 기재하여야 한다.

2) 출소사실의 신고

보안관찰처분대상자는 출소 전 신고뿐만 아니라, 출소 후에도 7일 이내에 그 거주예정지 관할경찰서장에게 출소사실을 신고하여야 한다(보안관찰법 제6조 제1항). 보안관찰처분대상자의 출소사실 신고는 <그림 3-6>의 서식에 의한다.

출소한 보안관찰처분대상자가 출소 후 7일 이내에 신고를 하지 아니한 때에는 지체없이 이를 거주예정지 관할검사에게 보고하고(보안관찰법시행령 제8조 제2항), 관련 사항을 보안관찰처분대상자 관리부에 기재하여야 한다. 검사에 대한 보고는 <그림 3-7> 보안관찰처분대상자 동태보고서에 의한다.

2) 변동사항 신고

보안관찰처분대상자는 교도소등에서 출소한 후 출소 전 신고사항에 변동이 있을 때에는 변동이 있는 날부터 7일 이내에 그 변동된 사항을 관할경찰서장에게 신고하여야 한다. 다만, 법무부장관으로부터 거소를 제공받은 자가 주거지를 이전하고자 할 때에는 미리 관할경찰서장에게 거소변경을 신청하여 변경결정된 거소를 거주예정지로 신고하여야 한다. 보안관찰처분대상자의 변동사항 신고는 <그림 3-8>의 서식에 의한다.

3. 미신고자의 처리

1) 보안관찰처분대상자의 출소 전 미신고

보안관찰법은 보안관찰처분대상자가 교도소등의 장을 경유하여 거주예정지 관할 경찰서장에게 신고하도록 규정하고 있어 미신고자가 거의 없을 것으로 예상하고 있다.

그러나 보안관찰처분대상자가 출소예정일 2월 전까지 신고를 거부하는 경우, 교도소 등의 장은 소재지 관할 검사에게 신고거부 사실을 보고하여야 하며 나아가 수용 중인 대상자가 신고를 하지 아니하고 출소한 때에는 지체 없이 대상자의 거주예정지 관할 검사에게 그 이 사실을 보고하여야 한다.

거주예정지 관할 검사는 대상자에게 신고를 적극적으로 요청하고 계속 신고를 거부하는 때에는 특별한 사정이 없는 한 지체 없이 보안관찰처분을 청구함과 동시에 보안관찰법 위반으로 입건하여 수사하는 절차를 진행한다.

2) 보안관찰처분대상자의 출소사실 및 변동사항 미신고

교도소 등의 장으로부터 출소통보를 받은 거주예정지 관할 경찰서장은 보안관찰처분대상자가 7일 이내에 출소사실 신고를 하지 아니하거나 출소사실을 신고했다하더라도 변동사항 발생시 7일 이내에 그 사항을 신고하지 아니한 때에는 지체 없이 관할 검사에게 보고하여야 한다.

관할경찰서장으로부터 보고를 받은 관할검사는 대상자에게 신고를 적극적으로 요청하고 계속 신고를 거부할 때에는 특별한 사정이 없는 한 지체 없이 보안관찰처분 청구를 함과 동시에 보안관찰법 위반으로 입건하여 수사하는 절차를 진행한다.

4. 기타 처리사항

1) 비대상자의 처리

보안관찰처분대상자로 신고한 사람 중 보안관찰처분대상자가 아닌 사람(이하 "비대상자")라고 판단되는 경우에는 다음과 같은 요령에 의해 처리한 후, 판결문 · 형집행지휘서 등 소명자료를 첨부하여 지체 없이 법무부장관에게 보고한다.

① 보안관찰처분 또는 보안관찰처분면제결정 청구사안으로 인지한 경우에는 불청구

조치하고 인지하지 아니한 경우에는 내사사건 또는 진정사건 처리절차에 준하여 종결처분한다.

② 비대상자가 보안관찰처분 면제결정을 신청한 경우에는 법무부장관에게 면제결정 신청서를 송부하지 아니한다.

③ 위와 같이 처리한 경우에는 관할 경찰서장에게 그 결과를 통보하고 비대상자에게 비대상자임을 고지하며 신고서철의 색인목록 비고란에 '비대상'이라고 주서(朱書)한 후 신고서를 빼내어 폐기한다.

2) 사망자의 처리

보안관찰처분대상자가 사망한 경우에는 신고서철의 색인목록 비고란에 '사망'이라고 주서한 후 신고서를 빼내어 폐기한다.

3) 사안기록 등의 보관 등

사안기록과 결정서는 보안관찰처분대상자의 주거지를 관할하는 검찰청에서 보관·보존한다.

보안관찰처분대상자가 주거지를 관할하는 검찰청의 관할구역 외로 주거지를 이전한 때에는 보안관찰처분대상자 신고서와 사안기록 및 결정서 기타 관계서류를 신주거지를 관할하는 검찰청에 이송한다. 이 경우 검사는 <그림 3-9>의 이송서와 <그림 3-10>의 이송결정서를 작성하여야 한다. 그리고 이송에 의해 보안관찰처분대상자 신고서 등을 접수한 검찰청은 이송한 검찰청에 <그림 3-11>의 서식에 의한 접수통지를 하여야 한다.

〈그림 3-1〉 보안관찰처분대상자 발생통고서

ㅇㅇ교도소

(　　　　　)

분류기호 및

문 서 번 호　　　　　　　　　　　　　　　　　　　　　　　년　　월　　일

수신　　　　　　　　　　　　　　　　　　　　　　발신　　ㅇㅇ교도소장　[인]

제목　보안관찰처분대상자발생통고

아래와 같이 보안관찰처분대상자가 발생하였으므로 이를 통고합니다.

<table>
<tr><td rowspan="5">보안관찰
처분대상자</td><td>원적</td><td colspan="5"></td></tr>
<tr><td>본적</td><td colspan="5"></td></tr>
<tr><td>주거</td><td colspan="5"></td></tr>
<tr><td>입소전직업</td><td></td><td>주민등록번호</td><td colspan="3"></td></tr>
<tr><td>성명</td><td>(　　　)</td><td>생년월일</td><td></td><td>성별</td><td></td></tr>
<tr><td colspan="2">입소일</td><td></td><td>출소예정일</td><td colspan="3"></td></tr>
<tr><td colspan="2">출소후거주예정지</td><td colspan="5"></td></tr>
<tr><td rowspan="3">보안관찰
해당범죄</td><td>범죄사실
요지</td><td colspan="5"></td></tr>
<tr><td rowspan="2">판결내용</td><td>판결법원</td><td>판결연월일</td><td>죄명</td><td>적용법조</td><td>형명 · 형기</td></tr>
<tr><td></td><td></td><td></td><td></td><td></td></tr>
<tr><td colspan="2">보안관찰해당범죄 외의
전과</td><td colspan="5"></td></tr>
<tr><td colspan="2">비고</td><td colspan="5"></td></tr>
</table>

〈그림 3-2〉 보안관찰처분대상자 신고서

(앞면)

<table>
<tr><td>경유</td></tr>
<tr><td>년 월 일(관서장) [인]</td></tr>
</table>

<table>
<tr><td rowspan="5">사
진</td><td>성명</td><td colspan="5">( )</td><td>성별</td><td colspan="2">남 · 여</td></tr>
<tr><td>생년월일</td><td colspan="4"></td><td colspan="2">주민등록번호</td><td colspan="3"></td></tr>
<tr><td>주거</td><td colspan="9">전화</td></tr>
<tr><td>출생지</td><td colspan="9"></td></tr>
<tr><td>원적</td><td colspan="9"></td></tr>
<tr><td>본적</td><td colspan="10"></td></tr>
<tr><td>직업및직위(입소전)</td><td colspan="5"></td><td colspan="2">종교</td><td colspan="3"></td></tr>
<tr><td rowspan="2">재산관계</td><td>월수입</td><td>동산</td><td>부동산</td><td colspan="2">자택여부</td><td colspan="5">가족의 재산상황</td></tr>
<tr><td></td><td></td><td></td><td colspan="2">자가 · 셋집 · 하숙 · 기타</td><td colspan="5">동산 부동산</td></tr>
<tr><td rowspan="2">병역관계</td><td>역종</td><td>군별</td><td>군번</td><td>병과</td><td colspan="3">제대구분</td><td colspan="3">복무기간</td></tr>
<tr><td></td><td>육 · 해 · 공</td><td></td><td></td><td colspan="3"></td><td colspan="3"></td></tr>
<tr><td rowspan="4">가족관계</td><td>관계</td><td>성명</td><td>연령</td><td>학력</td><td>직업</td><td>관계</td><td>성명</td><td>연령</td><td>학력</td><td>직업</td></tr>
<tr><td></td><td></td><td></td><td></td><td></td><td></td><td></td><td></td><td></td><td></td></tr>
<tr><td></td><td></td><td></td><td></td><td></td><td></td><td></td><td></td><td></td><td></td></tr>
<tr><td></td><td></td><td></td><td></td><td></td><td></td><td></td><td></td><td></td><td></td></tr>
<tr><td rowspan="3">교우관계</td><td>성명</td><td>연령</td><td>학력</td><td colspan="2">직업 및 직장</td><td colspan="4">주소</td><td>관계</td></tr>
<tr><td></td><td></td><td></td><td colspan="2"></td><td colspan="4"></td><td></td></tr>
<tr><td></td><td></td><td></td><td colspan="2"></td><td colspan="4"></td><td></td></tr>
</table>

<table>
<tr><td colspan="3">학력</td><td colspan="3">경력</td></tr>
<tr><td>기간</td><td>학교명</td><td>적요</td><td>기간</td><td>근무처</td><td>직위 · 직책</td></tr>
<tr><td></td><td></td><td></td><td></td><td></td><td></td></tr>
<tr><td></td><td></td><td></td><td></td><td></td><td></td></tr>
<tr><td></td><td></td><td></td><td></td><td></td><td></td></tr>
</table>

(뒷면)

<table>
<tr><td rowspan="4">가입한 단체</td><td>단체명</td><td>직책</td><td>가입일</td><td>탈퇴일</td><td colspan="2">탈퇴사유</td></tr>
<tr><td></td><td></td><td></td><td></td><td colspan="2"></td></tr>
<tr><td></td><td></td><td></td><td></td><td colspan="2"></td></tr>
<tr><td></td><td></td><td></td><td></td><td colspan="2"></td></tr>
<tr><td colspan="2">출소(예정)일</td><td colspan="4">출소후 거주예정지 및 그 도착예정일</td><td>연락처 전화</td></tr>
<tr><td colspan="2"></td><td colspan="4"></td><td></td></tr>
<tr><td rowspan="3">보안관찰
해당범죄</td><td>범죄사실요지</td><td colspan="5"></td></tr>
<tr><td rowspan="2">판결
내용</td><td>판결법원</td><td>판결연월일</td><td>죄명</td><td>적용법조</td><td>형명 · 형기</td></tr>
<tr><td></td><td></td><td></td><td></td><td></td></tr>
<tr><td colspan="2">보안관찰해당
범죄외의전과</td><td colspan="5"></td></tr>
<tr><td rowspan="2">거소제공(변경)</td><td>결정일</td><td>시설명</td><td colspan="4">소재지 및 전화</td></tr>
<tr><td></td><td></td><td colspan="4"></td></tr>
</table>

보안관찰법 제6조제1항 및 동법시행령 제6조제1항에 의하여 위와 같이 신고합니다.

년 월 일

신고인 (인)

경찰서장 귀하

<그림 3-3> 보안관찰처분대상자·피보안관찰자신고서 접수부

(보안관찰처분대상자
피보안관찰자)신고서접수부

순위	접수일자	성명(　　　　)	신고의 종류	신고필증 교부일	신고필증 번호	비고

〈그림 3-4〉 보안관찰처분대상자 관리부

보안관찰처분대상자관리부(경찰서용)

(앞면)

고유번호			작성일자		
인적사항	성명	( )		성별	
	생년월일		주민등록번호		
	주거		전화		
	출생지		종교		
	원적				
	본적				
직업 및 직위		직장소재지		전화	

재산관계	월수입	동산	부동산	자가여부	가족의 재산상황		
				자가 · 셋집 · 하숙 · 기타			

가족관계	관계	성명	연령	학력	직업	관계	성명	연령	학력	직업

교우관계	성명	연령	학력	직업 및 직장	주소	관계

학력			경력		
기간	학교명	적요	기간	근무처	직위 및 직책

병역관계	복무기간	군별	역종	제대구분	병과

(뒷면)

<table>
<tr><td rowspan="3">가입한 단체</td><td>단체명</td><td>직책</td><td>가입일</td><td>탈퇴일</td><td>탈퇴사유</td></tr>
<tr><td></td><td></td><td></td><td></td><td></td></tr>
<tr><td></td><td></td><td></td><td></td><td></td></tr>
<tr><td rowspan="2">거소제공 (변경)</td><td>결정일</td><td>시설명</td><td colspan="3">소재지 및 전화</td></tr>
<tr><td></td><td></td><td colspan="3"></td></tr>
<tr><td rowspan="2">출소관계</td><td>출소예정일</td><td>출소통보접수일</td><td>출소일</td><td>출소교도소</td><td>출소사유</td></tr>
<tr><td></td><td></td><td></td><td></td><td></td></tr>
<tr><td rowspan="6">신고사항</td><td>신고일자</td><td>신고구분</td><td colspan="3">신고내용</td></tr>
<tr><td></td><td></td><td colspan="3"></td></tr>
<tr><td></td><td></td><td colspan="3"></td></tr>
<tr><td></td><td></td><td colspan="3"></td></tr>
<tr><td></td><td></td><td colspan="3"></td></tr>
<tr><td></td><td></td><td colspan="3"></td></tr>
<tr><td>보안관찰</td><td>범죄사실요지</td><td colspan="4"></td></tr>
<tr><td rowspan="2">해당범죄</td><td rowspan="2">판결 내용</td><td>판결법원</td><td>판결연월일</td><td>죄명</td><td>적용법조</td><td>형명·형기</td></tr>
<tr><td></td><td></td><td></td><td></td><td></td></tr>
<tr><td rowspan="2">전향 관계</td><td>전향여부</td><td>전향일자</td><td>전향시 교도소</td></tr>
<tr><td>전향·미전향</td><td></td><td></td></tr>
<tr><td rowspan="8">주요 동태</td><td>일자</td><td colspan="4">내용</td></tr>
<tr><td></td><td colspan="4"></td></tr>
<tr><td></td><td colspan="4"></td></tr>
<tr><td></td><td colspan="4"></td></tr>
<tr><td></td><td colspan="4"></td></tr>
<tr><td></td><td colspan="4"></td></tr>
<tr><td></td><td colspan="4"></td></tr>
<tr><td></td><td colspan="4"></td></tr>
</table>

〈그림 3-5〉 보안관찰처분대상자 출소통보서

○○교도소

(　　　　)

분류기호 및

문서번호　　　　　　　　　　　　　　　　년　　월　　일

수신　경찰서장　　　　　　발신　　　　　　교도소장 [인]

제목　보안관찰처분대상자 출소통보

　　아래 보안관찰처분대상자가 출소하였으므로 통보합니다.

<table>
<tr><td rowspan="5">보안관찰처분
대상자</td><td>성명</td><td colspan="3"></td><td>성별</td><td></td></tr>
<tr><td>생년월일</td><td></td><td>주민등록번호</td><td colspan="3"></td></tr>
<tr><td>주거(거주예정지)</td><td colspan="5"></td></tr>
<tr><td>원적</td><td colspan="5"></td></tr>
<tr><td>본적</td><td colspan="5"></td></tr>
<tr><td>출소일</td><td colspan="2"></td><td>출소사유</td><td colspan="3"></td></tr>
<tr><td>도착예정일시</td><td colspan="6"></td></tr>
<tr><td>재소중행장</td><td colspan="6"></td></tr>
<tr><td>건강상태</td><td colspan="6"></td></tr>
<tr><td rowspan="2">전향관계</td><td>전향여부</td><td colspan="2">전향일자</td><td colspan="3">전향시 교도소</td></tr>
<tr><td>전향 · 미전향</td><td colspan="2"></td><td colspan="3"></td></tr>
<tr><td>기타</td><td colspan="6"></td></tr>
</table>

〈그림 3-6〉 보안관찰처분대상자 출소사실신고서

보안관찰처분대상자출소사실신고서

<table>
<tr><td rowspan="3">보안관찰처
분대상자</td><td>성명</td><td colspan="3">(　　　)</td><td>성별</td><td></td></tr>
<tr><td>생년월일</td><td colspan="2"></td><td>주민등록번호</td><td colspan="2"></td></tr>
<tr><td>주거</td><td colspan="3"></td><td>전화</td><td></td></tr>
<tr><td colspan="2">대상자신고일</td><td></td><td>신고경찰서
및 교도소</td><td colspan="3"></td></tr>
<tr><td colspan="2">출소일</td><td></td><td>출소교도소</td><td></td><td>출소사유</td><td></td></tr>
<tr><td colspan="2" rowspan="2">거소제공
(변경)</td><td>결정일</td><td>시설명</td><td colspan="3">소재지 및 전화</td></tr>
<tr><td></td><td></td><td colspan="3"></td></tr>
</table>

보안관찰법 제6조제1항 및 동법시행령 제9조제1항에 의하여 위와 같이 신고합니다.

년　　월　　일

신고인　　　　(인)

신원보증인

주소　　　　전화

성명　　　　(인)

주민등록번호　-

신원보증인

주소　　　　전화

성명　　　　(인)

주민등록번호　-

경찰서장　귀하

〈그림 3-7〉 보안관찰처분대상자 동태보고서

<table>
<tr><td colspan="6">

ㅇㅇ경찰서

(　　　　)

분류기호 및

문서번호　　　　　　　　　　　　　　　　　년　　월　　일

수신　검찰청 검사장　　　　　　　　　　　발신　경찰서장 [인]

제목　보안관찰처분대상자 동태보고

아래 보안관찰처분대상자에 대한 동태를 보고합니다.

</td></tr>
<tr><td rowspan="3">보안관찰처분대상자</td><td>주거</td><td colspan="4"></td></tr>
<tr><td>직업</td><td></td><td>주민등록번호</td><td colspan="2"></td></tr>
<tr><td>성명</td><td colspan="2">(　　)</td><td>생년월일</td><td></td></tr>
<tr><td colspan="2">보안관찰처분대상자신고일</td><td colspan="4"></td></tr>
<tr><td>보고
내용</td><td colspan="5"></td></tr>
</table>

〈그림 3-8〉 보안관찰처분대상자 변동사항신고서

보안관찰처분대상자변동사항신고서

<table>
<tr><td rowspan="3">보안관찰
처분대상자</td><td>성명</td><td colspan="3">(　　　)</td><td>성별</td><td></td></tr>
<tr><td>생년월일</td><td colspan="2"></td><td>주민등록번호</td><td colspan="2"></td></tr>
<tr><td>주거</td><td colspan="3"></td><td>전화</td><td></td></tr>
<tr><td colspan="2">대상자신고일</td><td></td><td>신고경찰서
및 교도소</td><td colspan="3"></td></tr>
<tr><td colspan="2">출소일</td><td></td><td>출소교도소</td><td colspan="3"></td></tr>
<tr><td>변동
사항</td><td colspan="6"></td></tr>
<tr><td colspan="7">보안관찰법 제6조제2항 및 동법시행령 제9조제2항에 의하여 위와 같이 신고합니다.

년　　월　　일

신고인　　　　　　　　(인)

경찰서장　귀하</td></tr>
</table>

〈그림 3-9〉 이송서

<table>
<tr><td colspan="3">지방검찰청

년 제 호 년 월
일
수신 지방검찰청검사장 발신 지방검찰청
제목 이송 검사
(인)
아래 사람에 대한 다음 서류를 이송합니다.</td></tr>
<tr><td>보안관찰처분대상자
또는 피보안관찰자</td><td>주거
직업
주민등록번호
성명
생년월일</td><td>( )</td></tr>
<tr><td>이송사유</td><td colspan="2"></td></tr>
<tr><td>보관물</td><td colspan="2"></td></tr>
<tr><td colspan="3">이송서류 1.
2.
3.
4.</td></tr>
</table>

〈그림 3-10〉 이송결정서

<table>
<tr><td colspan="4">이송결정서</td><td>검사장</td></tr>
<tr><td rowspan="2">번호</td><td>지방검찰청</td><td rowspan="2">주임
검사</td><td rowspan="2"></td><td></td></tr>
<tr><td>년 제 호</td><td>차장검사</td></tr>
<tr><td colspan="2" rowspan="3">보안관찰처분대상자
또는 피보안관찰자</td><td rowspan="3">주거
직업
주민등록번호
성명
생년월일</td><td rowspan="3">( )</td><td></td></tr>
<tr><td>부장검사</td></tr>
<tr><td></td></tr>
</table>

<table>
<tr><td colspan="2">보안관찰처분대상자 신고일</td><td colspan="3">년 월 일</td></tr>
<tr><td colspan="2">보안관찰처분</td><td colspan="3">년 월 일 결정</td></tr>
<tr><td rowspan="3">이송</td><td>결정일</td><td colspan="3"></td></tr>
<tr><td>이송할청</td><td colspan="3"></td></tr>
<tr><td>사유</td><td colspan="3"></td></tr>
<tr><td colspan="2">명령</td><td>인</td><td>집행</td><td>인</td></tr>
<tr><td colspan="2">보관물이송</td><td></td><td></td><td></td></tr>
<tr><td colspan="2">보안관찰처분대상자 또는
피보안관찰자통지</td><td></td><td></td><td></td></tr>
<tr><td colspan="2">이송서류</td><td colspan="3">1.
2.
3.
4.</td></tr>
<tr><td colspan="2">비고</td><td colspan="3"></td></tr>
</table>

〈그림 3-11〉 접수통지서

<table>
<tr><td colspan="4">지방검찰청

년 제 호 년 월 일

수신 지방검찰청 발신 지방검찰청
과장 과장 ㊞

제목 접수통지

아래 서류를 접수하였으므로 통지합니다.</td></tr>
<tr><td>보안관찰처분대상자
또는 피보안관찰자</td><td>주거
주민등록번호
성명
생년월일</td><td colspan="2">

( )</td></tr>
<tr><td>이송일</td><td></td><td>접수일</td><td></td></tr>
<tr><td>접수 서류</td><td colspan="3">1.
2.
3.
4.
5.</td></tr>
<tr><td colspan="4"></td></tr>
</table>

제2절 보안관찰처분 사안의 조사절차

1. 사안의 개념

사안이란 보안관찰처분의 청구, 보안관찰처분의 취소청구, 보안관찰처분기간의 갱신청구, 보안관찰처분 면제결정의 신청, 보안관찰처분 면제결정의 취소신청 등의 요건에 해당되는 내용을 의미한다.

2. 사안의 조사

검사는 보안관찰처분 청구를 위하여 필요한 때에는 보안관찰처분대상자, 청구의 원인이 되는 사실과 보안관찰처분을 필요로 하는 자료를 조사할 수 있다(보안관찰법 제7조 제1항).

사법경찰관리와 특별사법경찰관리(이하 "사법경찰관리")는 보안관찰처분 청구를 위하여 필요한 때에는 보안관찰처분대상자, 청구의 원인이 되는 사실과 보안관찰처분을 필요로 하는 자료를 검사의 지휘를 받아 조사를 할 수 있다(보안관찰법 제7조 제2항).

검사 및 사법경찰관리는 각 소속관서의 관할구역 내에서 직무를 행한다. 다만, 관할구역내의 사안과 관련이 있는 사실의 조사를 위하여 필요하거나 긴급을 요하는 때에는 관할구역 외에서도 그 직무를 행할 수 있다. 검사는 직무를 수행함에 있어 상호 협조하여야 하며, 사법경찰관리 또한 직무를 수행함에 있어 상호 협조하여야 한다.

3. 사안의 인지

검사는 보안관찰처분대상자가 보안관찰해당범죄를 다시 범할 위험성이 있다고 의심하여 조사에 착수하는 때에는 '사안인지서'를 작성하여야 한다(보안관찰법시행규칙 제17조 제1항). 검사가 사안인지서를 작성한 경우에는 보안관찰처분사안부에 등재해야 한다. 사안인지서는 <그림 3-12>와 같고, 보안관찰처분사안부는 <그림 3-13>과 같다.

사법경찰관이 보안관찰처분대상자가 보안관찰해당범죄를 다시 범할 위험성이 있다고 의심하여 조사에 착수하고자 하는 때에는 '사안인지승인신청서'를 작성하여 검사의 승인을 얻어야 한다(보안관찰법시행규칙 제17조 제2항). 사법경찰관리는 사안을 인지하거나 접수한 경우에는 보안관찰사안 접수 · 처리부에 등재해야 한다. 사안인지승인신청서는 <그림 3-14>와 같고, 보안관찰처분사안부는 <그림 3-15>와 같다.

사안조사의 대상자는 피의자가 아닌 용의자라고 할 수 있다. 용의자란 보안관찰처분대상자 중 보안관찰해당범죄를 다시 범할 위험성이 있다고 의심받는 자를 말한다. 사안인지서와 사안인지승인신청서에는 용의자의 주거·성명·연령·직업·주민등록번호, 보안관찰해당범죄사실, 전향여부, 보안관찰해당범죄를 다시 범할 위험성이 있다고 의심되는 사실 기타 필요한 사항을 기재하고 특히 조사의 단서 및 인지하게 된 경위를 상세히 기재하여야 한다.

4. 출석요구

검사 또는 사법경찰관리는 용의자 또는 참고인에 대하여 출석을 요구하는 때에는 출석요구서를 발부하여야 한다. 용의자 또는 참고인에 대한 출석요구는 <그림 3-16>의 서식에 의한다.

다만, 긴급을 요하는 때에는 전화 또는 구두로 출석을 요구할 수 있다. 제1항의 출석요구서에는 출석일시·장소 및 출석요구의 취지를 명백히 기재하여야 한다. 용의자 또는 참고인이 출석한 때에는 지체 없이 진술을 들어야 하며 장시간 대기시키는 일이 없도록 하여야 한다.

5. 조사의 내용 및 방법

1) 용의자의 조사

검사 또는 사법경찰관리는 용의자를 조사하는 때에는 다음의 사항에 유의하여 '용의자 신문조서'를 작성하여야 한다. 용의자신문조서의 서식은 <그림 3-17>와 같다.

① 용의자에 대한 보안관찰법 제18조 제1항 제1호 내지 제7호 및 보안관찰법시행령 제24조 제1항 제1호 내지 제4호의 사항
② 교도소등에서 재소 중에 전향하였는지의 여부
③ 보안관찰처분을 함으로써 용의자의 가정 및 사회에 미치는 영향, ④ 용의자에게 이익이 될 수 있는 사항
⑤ 전술한 ① 내지 ④를 증명할 수 있는 사항.

한편 검사 또는 사법경찰관리는 용의자 또는 그 관계인과 친족 기타 특별한 관계로 인하여 조사의 공정성을 잃거나 의심을 받을 염려가 있다고 인정되는 사안에 대하여는 소속관서의 장의 허가를 받아 그 조사를 회피하여야 한다.

2) 참고인의 조사

검사 또는 사법경찰관리는 참고인의 진술을 들을 때에는 형사소송법 제317조의 규정에 유의하여 진술을 강요하여서는 아니 된다. 참고인의 진술은 조서에 기재하여야 한다. 참고인진술조서의 서식은 <그림 3-18>과 같다.

진술내용이 복잡하거나 참고인이 서면진술을 원하는 때에는 참고인으로 하여금 진술서를 작성·제출하게 할 수 있다. 참고인이 진술서를 작성하는 때에는 부득이한 경우를 제외하고는 참고인이 자필로 작성하도록 하여야 한다.

3) 임상의 조사 등

가료중인 용의자나 참고인이 있는 곳에서 임상신문을 하는 경우에는 상대방의 건강상태를 충분히 고려하여 조사에 중대한 지장이 없는 한 가족·의사 기타 적당한 사람을 참여시켜야 한다.

소년인 용의자를 조사하는 때에는 소년의 심리적 특성을 충분히 고려하여 조용한 장소에서 온정과 이해를 가지고 부드러운 어조로 조사에 임하여야 한다. 소년용의자에 대한 사안은 신속히 처리하고, 소년의 주거·성명·직업·용모 등에 의하여 당해 본인임을 알

수 있는 정도의 사실이나 사진이 보도되지 아니하도록 유의하여야 한다.

또한 소년인 용의자를 조사하는 경우에는 '환경조사서'를 작성하여야 한다. 환경조사서에는 소년의 성격·행장·경력·교육정도·가정상황·교우관계 기타 환경 등을 상세히 기재하여야 한다. 소년인 용의자의 심신에 이상이 있다고 인정되는 때에는 지체 없이 의사로 하여금 진단하게 하고 그 진단결과를 기재한 서류를 첨부하여야 한다.

학생인 용의자에 대하여는 소년이 아닌 경우에도 소년인 용의자를 조사하는 때에 준하여 사안을 조사하고 환경조사서를 작성한다. 마지막으로 외국인을 조사할 때에는 특히 국제법과 국제조약에 위배되는 일이 없도록 유의해야 한다.

4) 보관기록 등

용의자 또는 관계인으로부터 자료를 제출받아 이를 보관하여야 할 필요가 있는 때에는 보관조서 및 보관물목록을 작성하여야 한다. 다만, 조사 중에 자료를 제출 받은 때에는 조서에 보관의 취지를 기재하여 보관조서에 갈음할 수 있다. 보관조서에는 사안번호·제출자·소유자 및 보관경위를, 보관물목록에는 보관물의 순위·품명·수량·특징을 구체적으로 기재하여야 한다.

보관물을 다른 사람에게 보관시킬 때에는 보관증을 받아야 하며, 보관자의 선정에 유의하여 그로 하여금 보관물을 성실하게 보관하도록 하여야 한다. 보관물에 대하여는 사안번호·용의자의 성명·보관물목록의 순위·번호를 기재한 표찰을 붙여야 한다. 보관물을 보관할 필요가 없는 때에는 지체 없이 이를 제출자에게 반환하여야 한다. 보관물을 폐기하는 때에는 폐기조서와 폐기물목록을 작성하고 사진을 촬영하여 이에 첨부하여야 한다.

6. 사안의 송치

1) 사안조사의 종결과 송치

사안의 송치란 사법경찰관리가 사안조사를 종결한 후 관할 검사장에게 서류와 보관물을 송치하는 것을 말한다. 사법경찰관리는 조사를 종결한 때에는 지체 없이 사안을 관할

검사장에게 송치하여야 한다(보안관찰법시행규칙 제27조 제1항).

사법경찰관리는 사안을 송치하는 때에는 소속관서의 장의 명의로 하여야 한다. 또한 보안관찰처분에 관한 사안 및 보안관찰처분 면제결정신청 사안은 국가정보원장의 의견조정 결과 통보일로부터 3일 이내에, 보안관찰처분 면제결정신청 사안은 신청일보부터 20일 이내에 소속 관서장의 명으로 각각 송치하여야 한다. 보안관찰처분 사안송치서의 서식은 <그림 3-19>과 같다.

2) 송치서류의 편철

사안을 송치하는 때에는 송치서류, 즉 사안송치서·보관물 총목록·기록목록·의견서·용의자 환경조사서·용의자의 본적조회 회답서 및 전과관계를 증명할 수 있는 서류 기타 필요한 서류를 첨부하여야 한다. 송치서류는 다음의 순서에 따라 편철하여야 한다.

① 사안송치서
② 보관물 총목록
③ 기록목록
④ 의견서
⑤ 기타 서류

3) 송치서류의 작성방법

의견서는 사법경찰관이 작성하여야 한다. 기타 서류는 접수 또는 작성한 순서에 따라 편철한다. 의견서 및 기타 서류에는 매면에 면수를 기입한다. 보관물 총목록, 기록목록, 의견서, 기타 서류에는 송치인이 직접 간인하여야 한다.

4) 송치 후의 조사

사법경찰관리는 사안송치 후 용의자에 대하여 다른 보안관찰해당범죄 경력을 발견한 때에는 즉시 그 사안을 담당하는 검사(이하 "주임검사")에게 보고하여야 한다.

사법경찰관리는 사안송치 후 서류 또는 물건을 추송하고자 하는 때에는 이미 송치한 사안명·송치연월일·용의자의 성명을 기재한 추송서를 작성하고 추송할 서류 및 보관물 등을 첨부하여야 한다.

사법경찰관리는 사안송치 후 조사를 계속하고자 하는 때에는 미리 주임검사의 지휘를 받아야 한다. 또한 사법경찰관리는 사안송치 후 당해사안에 속하는 용의자의 다른 재범의 위험성을 발견한 때에는 즉시 주임검사에게 보고하고 그 지휘를 받아야 한다.

7. 장부와 비치서류 등

조사 사무를 처리하는 관서의 장은 다음의 장부 및 서류를 비치하여야 한다. 다만, 관서의 장이 필요하다고 인정하는 때에는 다음의 장부 및 서류 외에 필요한 장부 또는 서류철을 비치할 수 있다.

① 보안관찰처분사안 접수·처리부(경찰관서에 한한다)
② 보안관찰처분사안부(검찰청에 한한다)
③ 보안관찰처분 기간갱신사안부(검찰청에 한한다)
④ 집행원부(검찰청에 한한다)
⑤ 거소제공대상자관리부(검찰청에 한한다)
⑥ 보관물관리부
⑦ 출석요구부
⑧ 조사관계예규철
⑨ 조사종결사안(송치사안)철(경찰관서에 한한다)
⑩ 조사미제사안기록철
⑪ 통계철
⑫ 처분결과통보서철(경찰관서에 한한다)
⑬ 잡서류철

보안관찰처분사안 접수·처리부는 미리 매면 마다 관할검사장의 간인을 받아야 한다. 조사관계예규철에는 검찰청 기타 감독관청이 발한 훈련·통첩·지시 등 관계서류를 편철하여야 한다. 조사종결사안(송치사안)철에는 검사에게 송치한 사한송치서, 기록목록 및 의견서의 사본을 편철하여야 한다. 조사미제사안기록철에는 장차 소재를 파악할 가망이 없는 보안관찰처분대상자에 대한 사안 등의 기록을 편철하여야 한다. 통계철에는 조사업무와 관련한 각종 통계서류를 편철하여야 한다. 처분결과통보서철에는 검사의 보안관찰처분에 관한 청구여부 및 그에 대한 법무부장관의 결정에 관한 통보서를 편철하여야 한다. 잡서류철에는 ⑧ 내지 ⑫에 해당하지 아니하는 모든 서류를 편철하여야 한다.

〈그림 3-12〉 보안관찰처분 사안인지서

<table>
<tr><td colspan="5">

ㅇㅇ검찰청

보안관찰처분사안인지서

아래 사람에 대하여 보안관찰처분 사안을 인지하고 조사를 개시함

년 월 일

검찰청

검사 (인)

</td></tr>
<tr><td rowspan="5">용
의
자</td><td>주거</td><td colspan="3"></td></tr>
<tr><td>직업</td><td colspan="3"></td></tr>
<tr><td>주민등록번호</td><td colspan="3"></td></tr>
<tr><td>성명</td><td colspan="3">( )성별</td></tr>
<tr><td>생년월일</td><td colspan="3"></td></tr>
<tr><td colspan="2">거소제공(변경)결정일</td><td></td><td>시설명 및 소재지</td><td></td></tr>
<tr><td colspan="5">보안관찰해당범죄사실과 재범의 위험성이 있다고 의심되는 사실</td></tr>
<tr><td colspan="5">별지와 같음</td></tr>
<tr><td colspan="2">전향여부</td><td colspan="3"></td></tr>
<tr><td colspan="2">조사의 단서 및 인지경위</td><td colspan="3"></td></tr>
</table>

〈그림 3-13〉 보안관찰처분사안부

<u>보안관찰처분사안부</u>

<table>
<tr><td colspan="2">사안번호</td><td>제 호</td><td>제 호</td></tr>
<tr><td colspan="2">접수일</td><td></td><td></td></tr>
<tr><td colspan="2">주임검사</td><td></td><td></td></tr>
<tr><td rowspan="6">피청구인 (신청인)</td><td>본적</td><td></td><td></td></tr>
<tr><td>주거</td><td></td><td></td></tr>
<tr><td>직업</td><td></td><td></td></tr>
<tr><td>주민등록번호</td><td></td><td></td></tr>
<tr><td>성명 · 성별</td><td></td><td></td></tr>
<tr><td>생년월일</td><td>(세)</td><td>(세)</td></tr>
<tr><td rowspan="3">검사처분</td><td>보안관찰처분(취소)청구</td><td>. . .</td><td>. . .</td></tr>
<tr><td>면제결정(취소)청구</td><td>. . .</td><td>. . .</td></tr>
<tr><td>면제결정신청</td><td>. . .</td><td>. . .</td></tr>
<tr><td rowspan="2">결정</td><td>결정일</td><td>. . .</td><td>. . .</td></tr>
<tr><td>주문</td><td></td><td></td></tr>
<tr><td rowspan="2">이송</td><td>이송일</td><td>. . .</td><td>. . .</td></tr>
<tr><td>관서</td><td></td><td></td></tr>
<tr><td colspan="2">보안관찰처분집행</td><td>. . .</td><td>. . .</td></tr>
<tr><td colspan="2">거소제공대상자관리번호</td><td>년 제 호</td><td>년 제 호</td></tr>
<tr><td colspan="2">보관번호</td><td>년 보관 제 호</td><td>년 보관 제 호</td></tr>
<tr><td colspan="2">비고</td><td></td><td></td></tr>
</table>

〈그림 3-14〉 보안관찰처분 사안인지승인신청서

<table>
<tr><td colspan="2">검사지휘</td></tr>
<tr><td>가</td><td>부</td></tr>
<tr><td></td><td></td></tr>
</table>

○○경찰서

제　　호　　　년　　월　　일

수신　지방검찰청검사장

제목　보안관찰처분사안인지승인신청

다음 사람에 대하여 보안관찰처분 사안인지를 하고자 하오니 승인하여 주시기 바랍니다.

<table>
<tr><td rowspan="5">용의자</td><td colspan="2">주거</td><td colspan="2"></td></tr>
<tr><td colspan="2">직업</td><td colspan="2"></td></tr>
<tr><td colspan="2">주민등록번호</td><td colspan="2"></td></tr>
<tr><td colspan="2">성명</td><td colspan="2">(　　　) 성별</td></tr>
<tr><td colspan="2">생년월일</td><td colspan="2"></td></tr>
<tr><td colspan="3">거소제공(변경)결정일</td><td>시설명 및 소재지</td><td></td></tr>
<tr><td colspan="5">보안관찰해당범죄 사실과 재범의 위험성이 있다고 의심되는 사실</td></tr>
<tr><td colspan="5"></td></tr>
<tr><td colspan="2">전향여부</td><td colspan="3"></td></tr>
<tr><td colspan="2">인지경위</td><td colspan="3"></td></tr>
<tr><td colspan="5">경찰서
사법경찰관　　　　　(인)</td></tr>
</table>

〈그림 3-15〉 보안관찰처분사안 접수 · 처리부

<table>
<tr><th colspan="7">보안관찰처분사안 접수 처리부</th></tr>
<tr><td colspan="3">접수번호</td><td colspan="4">제 호</td></tr>
<tr><td colspan="3">접수일</td><td colspan="2"></td><td>조사담당자</td><td></td></tr>
<tr><td rowspan="5">용의자</td><td colspan="2">본적</td><td colspan="4"></td></tr>
<tr><td colspan="2">주거</td><td colspan="4"></td></tr>
<tr><td colspan="2">직업</td><td colspan="2"></td><td>주민등록번호</td><td></td></tr>
<tr><td colspan="2">성명</td><td colspan="2">( )</td><td>성별</td><td></td></tr>
<tr><td colspan="2">생년월일</td><td colspan="4">. . .(세)</td></tr>
<tr><td colspan="3">사안내용</td><td colspan="4"></td></tr>
<tr><td colspan="3">조사단서</td><td colspan="4"></td></tr>
<tr><td colspan="3">송치</td><td></td><td>송치의견</td><td>송치사안철번호</td><td></td></tr>
<tr><td rowspan="4">보안관찰처분</td><td rowspan="2">검사조치</td><td>조치일</td><td colspan="4">. . .</td></tr>
<tr><td>내용</td><td colspan="4"></td></tr>
<tr><td rowspan="2">결정</td><td>결정일</td><td colspan="4">. . .</td></tr>
<tr><td>주문</td><td colspan="4"></td></tr>
<tr><td rowspan="3">거소제공</td><td colspan="2">신청일</td><td>. . .</td><td rowspan="3">거소변경</td><td>신청일</td><td>. . .</td></tr>
<tr><td colspan="2">결정일</td><td>. . .</td><td>결정일</td><td>. . .</td></tr>
<tr><td colspan="2">시설명 및 소재지</td><td></td><td>내용</td><td></td></tr>
<tr><td colspan="3">비고</td><td colspan="4"></td></tr>
</table>

〈그림 3-16〉 출석요구서

출석요구(1)

년 사안 제　　호

수신　　　　　　　귀하

귀하에 대한 보안관찰처분 사안에 관하여 문의할 일이 있으니　년　월　일

오전
오후　시에　　의　　로 이 통지서와 주민등록증 및 도장을 가지고

나오시기 바랍니다.

문의할 사항이 있으시면 전화　국　번(교환　번)으로 연락하여 주시기 바랍니다.

년　월　일

(관서명)

(직위·성명)　　　　(인)

참고인출석요구(2)

년 사안 제 호

수신 귀하

용의자 에 대한 보안관찰처분 사안의 참고인으로 문의할 일이 있으니

년 월 일 오전
오후 시에 의 로 이 통지서와 주민등록증 및 도장을 가지고 나오시기 바랍니다.

문의할 일이 있으시면 전화 국 번(교환 번)으로 연락하여 주시기 바랍니다.

년 월 일

(관서명)

(직위·성명) (인)

〈그림 3-17〉 용의자신문조서

<table>
<tr><td colspan="4">용의자신문조서(1)</td></tr>
<tr><td>성
명</td><td></td><td>주민등록번호</td><td></td></tr>
<tr><td colspan="4">위 사람에 대한 보안관찰처분 사안에 관하여</td></tr>
<tr><td colspan="4">년 월 일 에서</td></tr>
<tr><td colspan="4">는(은) 를(을)</td></tr>
<tr><td colspan="4">참여하게 하고 용의자에 대하여 아래와 같이 신문하다.</td></tr>
<tr><td>문</td><td colspan="3">용의자의 성명 · 생년월일 · 성별 · 주민등록번호 · 직업 · 원적 · 본적 · 주거를 말하시오</td></tr>
<tr><td>답</td><td colspan="3">성명은 성별</td></tr>
<tr><td></td><td colspan="3">생년월일 년 월 일생(세)</td></tr>
<tr><td></td><td colspan="3">주민등록번호는</td></tr>
<tr><td></td><td colspan="3">직업은 직장전화번호</td></tr>
<tr><td></td><td colspan="3">원적은</td></tr>
<tr><td></td><td colspan="3">본적은</td></tr>
<tr><td></td><td colspan="3">주거는 (전화)</td></tr>
<tr><td>문</td><td colspan="3">용의자의 학력 · 경력 · 종교 · 가입한 단체 · 가족 및 동거인 상황 · 교우관계 · 재산상황을 말하시오</td></tr>
<tr><td>답</td><td colspan="3"></td></tr>
<tr><td></td><td colspan="3"></td></tr>
<tr><td></td><td colspan="3"></td></tr>
<tr><td></td><td colspan="3"></td></tr>
<tr><td></td><td colspan="3"></td></tr>
<tr><td></td><td colspan="3"></td></tr>
<tr><td></td><td colspan="3"></td></tr>
<tr><td></td><td colspan="3"></td></tr>
</table>

용의자신문조서(2)

(제 회)

성명		주민등록번호	

위의 사람에 대한 보안관찰처분 사안에 관하여

에서 는(은)

(를)을 참여하게 하고 용의자에 대하여 다시

다음과 같이 신문하다.

문 :

〈그림 3-18〉 참고인진술조서

진술조서(1)			
성명		주민등록번호	
주거			
본적			
직업		생년월일	. . . (세)
용의자 에 대한 보안관찰처분 사안에 관하여 임의로 아래와 같이			
진술하다.			

진술조서(2)

(제　　회)

주거	
성명	
용의자　　　　　　　　에 대한 보안관찰처분 사안에 관하여	
.　　.　　.　　　　　　에서 임의로 전회에 계속하여	
아래와 같이 진술하다.	

〈그림 3-19〉 보안관찰처분 사안송치서

<table>
<tr><td colspan="2">

경찰서

년 제 호 년 월 일

수신 지방검찰청 검사장

제목 보안관찰처분 사안송치

다음 사안을 송치합니다.

</td></tr>
<tr><td>용의자</td><td>( )</td></tr>
<tr><td>조사단서</td><td></td></tr>
<tr><td>인지(접수)일</td><td>년 월 일</td></tr>
<tr><td>의견</td><td></td></tr>
<tr><td>보관물</td><td></td></tr>
<tr><td>비고</td><td></td></tr>
<tr><td colspan="2">

경찰서

사법경찰관 (인)

</td></tr>
</table>

제3절 보안관찰처분의 청구

1. 검사의 청구

보안관찰처분의 청구는 검사가 행한다(보안관찰법 제7조). 보안관찰처분의 청구는 검사가 '보안관찰처분청구서'를 법무부장관에게 제출함으로써 이루어진다. 보안관찰처분청구서의 서식은 <그림 3-20>과 같다.

보안관찰처분청구서에는 피청구자의 성명 기타 피청구자를 특정할 수 있는 사항, 청구의 원인이 되는 사실, 청구연월일을 기재하고 검사가 서명 · 날인하여야 한다. 이 경우 보안관찰법 제20조 제3항의 규정[11]에 의하여 법무부장관이 거소를 제공한 때에는 거소제공 결정연월일 및 제공된 사회복지시설등의 명칭과 그 소재지를 함께 기재하여야 한다.

검사가 보안관찰처분청구서를 제출할 때에는 청구의 원인이 되는 사실을 증명할 수 있는 자료와 의견서를 첨부하여야 한다. 의견서에는 청구취지와 적용법조에 관한 의견을 기재하여야 한다(보안관찰법시행령 제12조 제2항).

2. 청구절차

검사는 사안의 조사를 종결한 때에는 검찰총장을 경유하여 법무부장관에게 보안관찰처분 청구를 하여야 한다. 다만, 보안관찰처분 청구의 필요가 없다고 인정하는 경우에는 그 청구를 하지 아니하는 조치를 할 수 있다. 불청구의 조치를 하는 경우에는 조사의 결과 및 보안관찰처분 청구를 하지 아니하는 이유를 기재하여야 한다.

검사가 보안관찰처분의 청구를 할 때는 검찰총장을 경유하여야 한다. 다만, 검찰총장이 경유하지 아니하도록 한 사안은 그러하지 아니하다(보안관찰법시행규칙 제31조 제2항). 검사의 불청구 조치는 <그림 3-21>의 서식에 의한다.

---

11) 제20조 (보호) ③ 법무부장관은 보안관찰처분대상자 또는 피보안관찰자 중 국내에 가족이 없거나 가족이 있어도 인수를 거절하는 자에 대하여는 대통령령이 정하는 바에 의하여 거소를 제공할 수 있다.

3. 증명자료의 첨부

검사는 보안관찰처분의 청구를 하는 때에는 청구의 원인이 되는 사실을 증명할 수 있는 피청구자에 대한 다음의 자료를 첨부하여야 한다. 다만, 특별한 사유가 있는 경우에는 해당자료 중 일부를 첨부하지 아니할 수 있다.

① 사안조사기록
② 주민등록표등본
③ 범죄경력조회서
④ 행형기록 사본
⑤ 보안관찰해당범죄에 대한 판결문등본
⑥ 보안관찰처분대상자 관리부등본
⑦ 기타 재범의 위험성 유무를 판단할 수 있는 자료

4. 검사의 통보

1) 송치관서의 장에 대한 통보

검사는 보안관찰법 제27조 제1항의 규정[12)]에 의하여 송치된 사안에 대하여 보안관찰처분 또는 그 기간갱신을 청구하거나 청구하지 아니하는 조치를 한 때에는 지체 없이 그 결과를 당해사안을 송치한 관서의 장에게 통보하여야 한다(보안관찰법 시행규칙 제34조). 송치관서의 장에 대한 검사의 통보는 <그림 3-22>의 서식에 의한다.

2) 피청구자에 대한 통보

검사는 보안관찰처분의 청구를 한 때에는 지체 없이 보안관찰처분청구서 등본을 피청구자에게 송달하여야 한다. 이 경우 송달에 관하여는 민사소송법 중 송달에 관한 규정을 준용한다(보안관찰법 제8조 제4항).

---

12) 제27조 (벌칙) ① 보안관찰처분대상자 또는 피보안관찰자가 보안관찰처분 또는 보안관찰을 면탈할 목적으로 은신 또는 도주한 때에는 3년 이하의 징역에 처한다.

〈그림 3-20〉 보안관찰처분 청구서

ㅇㅇ검찰청

년 사안제 호 년 월 일

수신 법무부장관 발신 ㅇㅇ지방검찰청

기간갱신
취소
제목 보안관찰처분 ( ) 청구 검사
면제결정
면제결정취소

아래 사람에 대하여 보안관찰처분 (을)를 청구합니다.

피청구자	주거 직업 주민등록번호 성명 생년월일	( )
청구원인사실		별지와 같음
거소제공(변경)	결정일	
	시설명및소재지	

첨부 1. 의견서 1통

〈그림 3-21〉 불청구 조치서

<table>
<tr><td colspan="5" rowspan="2">불청구조치서</td><td>검사장</td></tr>
<tr><td></td></tr>
<tr><td rowspan="2">사안번호</td><td colspan="2">○○지방검찰청</td><td rowspan="2">주임검사</td><td rowspan="2"></td><td>차장검사</td></tr>
<tr><td colspan="2">년 사안 제 호</td><td></td></tr>
<tr><td rowspan="2">용의자</td><td rowspan="2">주거
직업
주민등록번호
성명
생년월일</td><td colspan="3" rowspan="2">( )</td><td>부장검사</td></tr>
<tr><td></td></tr>
<tr><td>조치일</td><td colspan="4"></td></tr>
<tr><td>조치내용</td><td colspan="4"></td></tr>
<tr><td>불청구 사유</td><td colspan="4"></td></tr>
</table>

<table>
<tr><td colspan="4">보관물건처분</td><td>비고</td></tr>
<tr><td>명령</td><td>인</td><td>집행</td><td>인</td><td rowspan="4"></td></tr>
<tr><td>제출인반환</td><td></td><td></td><td></td></tr>
<tr><td>계속보관</td><td></td><td></td><td></td></tr>
<tr><td></td><td></td><td></td><td></td></tr>
</table>

〈그림 3-22〉 조치결과(결정) 통보서

○○지방검찰청		
년 제 호 　　　　　　　　　　　　　　년 월 일 수신 　　　　　　　　　　　발신 　　　　지방검찰청 　　　　　　　　　　　　　　검사 　　　　(인) 제목 조치결과(결정)통보 　　　아래 사람에 대한 조치결과(결정) 내용을 통보합니다.		
인적사항	주거 직업 주민등록번호 성명 생년월일	 ( )
검사조치	조치일	
	내용	
결정	결정일	
	내용	

제4절 보안관찰처분의 결정

1. 법무부장관의 심사

법무부장관은 보안관찰처분청구서와 자료에 의하여 청구된 사안을 심사한다(보안관찰법 제10조 제1항). 법무부장관은 보안관찰법 제12조 제9항 각호의 1[13]에 해당하는 결정의 신청을 받은 때에는 이를 심사한 후 지체 없이 위원회에 그 사안을 회부하여야 한다(보안관찰법시행령 제15조 제1항).

법무부장관이 사안을 위원회에 회부하는 때에는 보안관찰법 제10조 제2항의 규정[14]에 의하여 조사의 명을 받은 공무원의 의견을 첨부할 수 있다. 법무부장관이 위원회에 2건 이상의 사안을 동시에 회부하는 때에는 1부의 회부서에 의할 수 있다. 위원회가 동시에 2건 이상의 의결결과를 통보하는 때에는 1부의 통보서에 의할 수 있다(보안관찰법시행규칙 제37조).

2. 보안관찰처분 심의위원회

1) 구성

보안관찰처분에 관한 사안을 심의·의결하기 위하여 법무부에 보안관찰처분 심의위원회를 두고 있다. 위원회는 위원장 1인과 6인의 위원으로 구성된다. 위원장은 법무부차관이 겸임한다. 위원장은 위원회의 회무를 통리하고 위원회를 대표하며, 위원회의 회의를

---

13) 제12조 (보안관찰처분심의위원회) ⑨ 위원회는 다음 각호의 사안을 심의·의결한다.
  1. 보안관찰처분 또는 그 기각의 결정
  2. 면제 또는 그 취소결정
  3. 보안관찰처분의 취소 또는 기간의 갱신결정

14) 제10조 (심사) ② 법무부장관은 제1항의 규정에 의한 심사를 위하여 필요한 때에는 법무부소속 공무원으로 하여금 조사하게 할 수 있다.
  ③ 제2항의 규정에 의하여 조사의 명을 받은 공무원은 다음 각호의 권한을 가진다.
    1. 피청구자 기타 관계자의 소환·심문·조사
    2. 국가기관 기타 공·사단체에의 조회 및 관계자료의 제출요구

소집하고 그 의장이 된다. 위원장이 사고가 있을 때에는 미리 그가 지정한 위원이 그 직무를 대행한다.

위원은 학식과 덕망이 있는 자로 하되, 그 과반수는 변호사의 자격이 있는 자이어야 한다. 위원은 법무부장관의 제청으로 대통령이 임명 또는 위촉한다. 위촉된 위원의 임기는 2년으로 한다. 다만, 공무원인 위원은 그 직을 면한 때에는 위원의 자격을 상실한다. 위원 중 공무원이 아닌 위원도 이 법 기타 다른 법률의 규정에 의한 벌칙의 적용에 있어서는 공무원으로 본다.

2) 심의 및 의결

위원회는 법무부장관으로부터 사안을 회부 받은 때에는 이를 심의 · 의결해야 한다. 위원회의 회의는 위원장을 포함한 재적위원 과반수의 출석으로 개의하고 출석위원 과반수의 찬성으로 의결한다. 위원회의 의결은 이유를 붙이고 위원장과 출석위원이 기명날인하는 문서로써 행한다.

3) 운영 및 수당

보호관찰법시행령에 규정된 사항 이외에 위원회의 운영에 관하여 필요한 사항은 위원회의 의결을 거쳐 위원장이 정한다. 위원회에는 간사 2인과 서기 약간 명을 둔다. 간사 및 서기는 법무부소속 직원 중에서 법무부장관이 임명한다. 간사는 위원장의 명을 받아 위원회의 서무를 처리하고 회의에 참석하여 발언할 수 있으며, 서기는 간사를 보조한다. 서기는 위원장의 명을 받아 위원회의 회의록을 작성·비치하여야 한다. 회의록에는 회의의 전말을 기재하고 위원장이 서명·날인하여야 한다.

위원회에 출석한 위원에 대하여는 예산의 범위 안에서 수당을 지급할 수 있다. 다만, 공무원인 위원이 그 소관업무와 직접적으로 관련하여 위원회에 출석하는 경우에는 그러하지 아니하다.

4) 피청구자의 자료제출 등

피청구자는 처분청구서등본을 송달받은 날부터 7일 이내에 법무부장관 또는 위원회에 서면으로 자기에게 이익된 사실을 진술하고 자료를 제출할 수 있다.

위원회는 필요하다고 인정하는 경우에는 피청구자 및 기타 관계자를 출석시켜 심문·조사하거나 공무소 기타 공·사단체에 대하여 조회할 수 있으며, 관계자료의 제출을 요구할 수 있다.

5) 통보

위원회는 법무부장관으로부터 사안을 회부 받은 때에는 이를 심의·의결한 후 그 결과를 위원장과 출석위원 전원이 서명·날인한 문서로써 법무부장관에게 통보하여야 한다(보안관찰법시행령 제15조 제2항).

3. 법무부장관의 결정

1) 보안관찰처분의 결정

보안관찰처분에 관한 결정은 위원회의 의결을 거쳐 법무부장관이 한다. 법무부장관은 위원회의 의결과 다른 결정을 할 수 없다. 다만, 보안관찰처분대상자에 대하여 위원회의 의결보다 유리한 결정을 하는 때에는 그러하지 아니하다(보안관찰법 제14조).

법무부장관의 결정은 이유를 붙이고 법무부장관이 기명 · 날인하는 문서로써 행한다. 보안관찰처분결정서에는 보안관찰처분 청구를 한 검사의 직위 · 성명과 피청구자의 성명 · 연령 · 직업 · 주거 · 결정주문 및 이유와 적용법조를 기재하여야 한다.

2) 보안관찰처분의 취소 결정

검사는 법무부장관에게 보안관찰처분의 취소를 청구할 수 있다. 법무부장관은 검사로부터 보안관찰처분의 취소 청구를 받은 때에는 위원회의 의결을 거쳐 이를 심사·결정하여야 한다. 보안관찰처분의 취소 청구와 그 청구의 심사·결정에 대하여는 보안관찰처분 청구 및 심사결정에 관한 규정을 준용한다.

4. 검사의 통보 및 고지

1) 결정의 통보

검사는 법무부장관으로부터 보안관찰처분결정서를 송달받은 때에는 지체 없이 그 결정내용 및 일자를 관할경찰서장에게 <그림 3-22>의 서식에 의해 통보하여야 한다.

2) 결정의 고지

검사는 법무부장관으로부터 보안관찰처분결정서를 송달받은 때에는 피청구자 또는 신청인에게 고지를 해야 한다. 보안관찰처분에 관한 결정의 고지는 검사가 피청구자 또는 신청인에게 결정서등본을 송달하는 방법으로 한다. 다만, 보안관찰처분의 청구를 기각하는 결정에 대하여는 고지하지 아니한다.

보안관찰처분에 관한 결정의 고지는 청구를 기각하는 결정을 제외하고는 검사가 피청구자 또는 신청인에게 결정서등본을 송달하는 방법으로 한다. 결정서등본의 송달은 피청구자 또는 신청인으로부터 수령서를 받고 검사가 직접 교부하거나 사법경찰관리로 하여금 교부하게 할 수 있다. 수령서는 사안기록에 편철하여야 한다. 수령서의 서식은 <그림 3-23>과 같다.

〈그림 3-23〉 수령서

수령서

년 제 호

	보안관찰처분결정서	
본인에 대한 (	거소제공(변경)결정서	) 등본 1통을 교부받았으므로 수령서를
	집행중지취소결정서	

제출합니다.

년 월 일

수령인 : 주거 (전화)

주민등록번호

성명 (인)

검찰청검사장 귀하

제4장

보안관찰처분의 면제 및 갱신결정

제1절 보안관찰처분의 면제결정

1. 의의

보안관찰처분 면제결정이란 보안관찰처분대상자 중에서 일정한 요건을 갖춘 사람에 대하여 보안관찰처분을 하지 아니하는 결정을 말한다.

법부부장관은 직권에 의해 또는 검사의 청구나 보안관찰처분대상자의 신청을 통해 보안관찰처분 심의위원회의 심의·의결을 거쳐 보안관찰처분을 면제하는 결정을 할 수 있다.

2. 직권 면제결정

법무부장관은 보안관찰처분대상자중 다음의 요건을 갖춘 자에 대하여는 보안관찰처분을 하지 아니하는 결정(이하 "면제결정")을 할 수 있다(보안관찰법 제11조 제1항). 즉 법무부장관은 직권으로 보안관찰처분대상자 중에서 다음의 세 가지 면제요건을 모두 갖춘 사람에 대하여 위원회의 심의·의결을 거쳐 보안관찰처분을 면제할 수 있다.

① 준법정신이 확립되어 있을 것
② 일정한 주거와 생업이 있을 것
③ 대통령령이 정하는 신원보증이 있을 것

3. 면제결정의 신청

1) 요건

보안관찰처분대상자의 신청이 있을 때에는 법부부장관은 부득이한 사유가 있는 경우를 제외하고는 3월내에 보안관찰처분면제여부를 결정하여야 한다(보안관찰법 제11조 제2항).

2) 신청방법

보안관찰처분 면제결정 신청을 하고자 하는 보안관찰처분대상자는 관할경찰서장에게 다음의 서류를 첨부한 보안관찰처분 면제결정신청서(전자문서로 된 신청서를 포함)를 제출하여야 한다. 보안관찰처분 면제결정신청서는 <그림 4-1>과 같다.

① 법령을 준수할 것을 맹세하는 서약서
② 주거가 일정함을 인정할 수 있는 서류(주민등록표 등본으로 주거를 확인할 수 없는 경우로 한정한다)
③ 재직증명서 기타 생업이 일정함을 인정할 수 있는 서류
④ 2인 이상의 신원보증인[15]의 신원보증서

이 경우 관할경찰서장은 전자정부법 제36조 제1항에 따른 행정정보의 공동이용을 통하여 보안관찰처분대상자의 주민등록표 등본을 확인하여야 하며, 보안관찰처분대상자

15) 신원보증인이 될 수 있는 자는 보안관찰처분대상자가 아닌 자로서 다음에 해당하는 사람이어야 한다. ① 주거지의 읍 · 면 · 동 · 리 · 통 · 반의 장, ② 신청인이 근무하는 직장의 장, ③ 보안관찰법 제20조 제3항의 규정에 의하여 거소 제공을 받은 때에는 그 제공된 사회복지시설 등의 장, ④ 기타 학식과 덕망이 있는 사람(선거에 의하여 취임하는 공무원을 제외)

가 확인에 동의하지 아니하는 경우에는 이를 첨부하도록 하여야 한다(보안관찰법시행령 제14조 제1항).

3) 관할경찰서장의 조치

관할경찰서장은 보안관찰처분 면제결정 신청서를 접수한 때에는 20일 이내에 전과관계를 증명할 수 있는 서류와 의견서를 첨부하여 검사에게 송부하여야 한다. 관할경찰서장이 검사에게 보내는 송부서는 <그림 4-2>의 서식에 의하고, 사법경찰관리가 작성하는 의견서는 <그림 4-3> 서식에 의한다.

관할경찰서장은 보안관찰처분면제결정 신청서를 접수한 때에는 신청인의 진술을 듣고 재범의 위험성 유무와 신청인이 제출한 서류의 사실여부 및 신청인의 전과관계 등을 조사하여야 한다(보안관찰법시행규칙 제36조 제1항).

4) 검사의 조치

관할경찰서장으로부터 신청서와 관계서류를 송부 받은 검사는 20일 이내에 의견서를 첨부하여 법무부장관에게 송부하여야 한다. 검사의 송부서는 <그림 4-4>와 같고, 의견서는 <그림4-3>과 같다.

검사는 보안관찰처분면제결정 신청서와 관계서류를 송부 받은 때에는 필요하다고 인정하는 경우에는 신청인의 진술을 듣고 재범의 위험성 유무와 신청인이 제출한 서류의 사실여부 및 신청인의 전과관계 등을 조사를 할 수 있다(보안관찰법시행규칙 제36조 제2항).

4. 면제결정의 청구

검사는 보안관찰법 제11조 제1항 제1호 및 제2호의 요건, 즉 ① 준법정신이 확립되어 있을 것, ② 일정한 주거와 생업이 있을 것의 요건을 갖춘 보안관찰처분대상자의 정상을 참작하여 위험성이 없다고 인정되는 때에는 법무부장관에게 면제결정을 청구할 수 있다(보안관찰법 제11조 제3항).

검사는 보안관찰처분 면제결정 청구를 하는 때에는 위 요건에 해당하는 지의 여부와 기타 필요한 자료를 조사하여야 한다. 또한 검사는 보안관찰처분 면제결정 청구를 함에 있어서는 보안관찰처분 면제결정청구서에 보안관찰처분대상자가 위 요건에 해당한다는 의견서와 기타 필요한 서류를 첨부하여 법무장관에게 제출하여야 한다. 보안관찰처분 면제결정청구서는 <그림 4-5>와 같고, 의견서의 서식은 <그림 4-6>과 같다.

5. 면제결정의 취소

면제결정을 받은 자가 그 면제결정요건에 해당하지 아니하게 된 때에는 검사의 청구에 의하여 법무부장관은 면제결정을 취소할 수 있다(보안관찰법 제11조 제4항).

면제결정과 면제결정청구, 면제결정취소청구 및 그 결정에 대하여는 보안관찰처분청구 및 심사결정에 관한 규정을 준용한다.

6. 면제결정의 효과

보안관찰처분의 면제결정을 받은 자는 그때부터 이 법에 의한 보안관찰처분대상자 또는 피보안관찰자로서의 의무를 면하게 된다.

〈그림 4-1〉 보안관찰처분 면제결정신청서

<table>
<tr><td rowspan="5">신청인</td><td>본적</td><td colspan="5"></td></tr>
<tr><td>주거</td><td colspan="5">전화</td></tr>
<tr><td>성명</td><td colspan="2">(　)</td><td>성별</td><td colspan="2"></td></tr>
<tr><td>생년월일</td><td colspan="2"></td><td>주민등록번호</td><td colspan="2"></td></tr>
<tr><td>직업및지위</td><td colspan="2"></td><td>직장소재지</td><td colspan="2">전화</td></tr>
<tr><td rowspan="3">보안
관찰
해당
범죄</td><td>범죄사실
요지</td><td colspan="5"></td></tr>
<tr><td rowspan="2">판결
내용</td><td>판결법원</td><td>판결연월일</td><td>죄명</td><td colspan="2">형명 · 형기</td></tr>
<tr><td></td><td></td><td></td><td colspan="2"></td></tr>
<tr><td colspan="3">보안관찰처분대상자 신고일 및 신고경찰서</td><td colspan="4">년　월　일　경찰서</td></tr>
<tr><td colspan="2">보안관찰처분결정일</td><td colspan="2"></td><td colspan="2">피보안관찰자신고일</td><td></td></tr>
<tr><td>신청
사유</td><td colspan="6"></td></tr>
<tr><td colspan="2" rowspan="2">거소제공(변경)</td><td>결정일</td><td>시설명</td><td colspan="3">소재지 및 전화</td></tr>
<tr><td></td><td></td><td colspan="3"></td></tr>
</table>

위와 같이 보안관찰처분의 면제결정을 신청합니다.

년　　월　　일

신청인　　　　(인)

법무부장관　귀하

<table>
<tr><td rowspan="2">첨부
서류</td><td>신청인(대표자) 제출서류</td><td>담당공무원 확인사항
(부동의하는 경우 해당서류 제출)</td></tr>
<tr><td>1. 서약서 1통
2. 재직증명서 1통
3. 신원보증서 1통</td><td>주민등록등(초)본</td></tr>
</table>

본인은 이 건 업무처리와 관련하여 「전자정부구현을 위한 행정업무 등의 전자화촉진에 관한 법률」 제21조제1항에 따른 행정정보의 공동이용을 통하여 담당공무원이 위의 **담당공무원 확인사항**을 확인하는 것에 동의합니다.

신청인(대표자)　　　　(서명 또는 인)

〈그림 4-2〉 보안관찰처분 면제결정신청서 송부서

<table>
<tr><td colspan="3">

경찰서

년 제 호   년 월 일

수신 지방검찰청 검사장   발신 경찰서장 (인)

제목 보안관찰처분면제결정신청서 송부

아래 사람의 보안관찰처분면제결정신청서와 관계서류를 송부합니다.

</td></tr>
<tr><td>신
청
인</td><td>주거
직업
주민등록번호
성명
생년월일</td><td>

( )
</td></tr>
<tr><td colspan="2">접수일</td><td></td></tr>
<tr><td colspan="2">보관물</td><td></td></tr>
<tr><td rowspan="2">거소
제공
(변경)</td><td>결정일</td><td></td></tr>
<tr><td>시설명 및 소재지</td><td></td></tr>
<tr><td colspan="3">첨부 1. 신청서 1통
2. 의견서 1통</td></tr>
</table>

〈그림 4-3〉 의견서

<table>
<tr><td colspan="3">

의견서

년 월 일
(관서명)
(직위성명) (인)
</td></tr>
<tr><td>인적
사항</td><td>본적
주거
직업
주민등록번호
성명
생년월일</td><td>

( )
(세)</td></tr>
<tr><td>의견</td><td colspan="2"></td></tr>
</table>

〈그림 4-4〉 보안관찰처분 면제결정신청서 송부서

지방검찰청

년 제 호   년 월 일

수신 법무부장관   발신 지방검찰청

제목 보안관찰처분면제결정   검사 (인)

신청서 송부

아래 사람의 보안관찰처분면제결정신청서와 관계서류를 송부합니다.

신청인	주거 직업 주민등록번호 성명 생년월일	
거소제공 (변경)	결정일	
	시설명 및 소재지	

첨부서류	신청인(대표자) 제출서류	담당공무원 확인사항 (부동의하는 경우 해당서류 제출)
	1. 신청서 1통 2. 의견서 1통 3. 서약서 1통 4. 재직증명서 1통 5. 신원보증서 1통 6. 범죄경력조회서 1통 7. 보안관찰처분대상자 관리부 또는 보안관찰부등본 1통	주민등록등(초)본

본인은 이 건 업무처리와 관련하여 「전자정부구현을 위한 행정업무 등의 전자화 촉진에 관한 법률」 제21조제1항에 따른 행정정보의 공동이용을 통하여 담당공무원이 위의 **담당공무원 확인사항**을 확인하는 것에 동의합니다.

신청인(대표자)   (서명 또는 인)

〈그림 4-5〉 보안관찰처분 면제결정청구서

ㅇㅇ검찰청

년 사안제 호 년 월 일

수신 법무부장관 발신 ㅇㅇ지방검찰청

기간갱신
취소
제목 보안관찰처분 ( ) 청구 검사 (인)
면제결정
면제결정취소

아래 사람에 대하여 보안관찰처분 (을)를 청구합니다.

피청구자	주거 직업 주민등록번호 성명 생년월일	( )
청구원인사실		별지와 같음
거소제공 (변경)	결정일	
	시설명및소재지	

첨부 1. 의견서 1통

〈그림 4-6〉 의견서

<table>
<tr><td colspan="3">의견서
년 월 일
지방검찰청
검사 (인)</td></tr>
<tr><td>피
청
구
자</td><td>본적
주거
직업
주민등록번호
성명
생년월일</td><td>

( )
</td></tr>
<tr><td colspan="2">청구취지</td><td></td></tr>
<tr><td colspan="2">적용법조</td><td></td></tr>
<tr><td>의
견</td><td colspan="2"></td></tr>
</table>

제2절 보안관찰처분의 갱신결정

1. 의의

보안관찰처분의 갱신결정이란 최초의 보안관찰처분 결정을 한 이후 그 기간 만료 전에 검사의 기간갱신 청구가 있는 경우 보안관찰처분 심의위원회의 심의·의결을 거쳐 보안관찰처분의 효력을 연장시키는 법무부장관의 결정을 말한다.

2. 갱신기간

보안관찰처분의 기간은 2년이다. 보안관찰처분 기간의 갱신결정에 의해 연장되는 기간 또한 2년이며, 갱신 횟수에는 아무런 제한이 없다.

갱신 횟수에 아무런 제한을 두지 않고 무제한으로 갱신결정을 할 수 있다는 측면에서 보면, 향후 계속해서 피보안관찰자의 인권침해 문제를 야기할 우려가 크기 때문에 서둘러 이에 대한 개선방안을 마련할 필요가 있다.

3. 기간갱신의 청구절차

1) 기간갱신사안의 조사

검사는 보안관찰처분 기간 만료 3개월 전까지 보안안찰처분 기간의 갱신 여부를 판단하여야 한다. 보안안찰처분 기간갱신 여부를 판단하는 것을 보안관찰처분 기간갱신사안(이하 "기간생갱신사안")이라고 하는데, 검사는 기간갱신사안을 보안관찰처분 기간갱신사안부에 기록하여야 한다. 보안관찰처분 기간갱신사안부의 서식은 <그림 4-7>과 같다.

검사는 기간갱신사안을 처리함에 있어서는 관할경찰서장으로 하여금 1개월 이내의 기간을 정하여 조사하게 할 수 있다. 기간갱신사안을 처리하는 때에는 관할경찰서장으로 하여금 피보안관찰자에 대하여 직업·월수입·가정환경·사회활동상황 기타 기간갱신여부를 판단할 수 있는 사항을 기재한 피보안관찰자 동태조사서와 보안관찰부 등본을 제출하게 하여야 한다.

2) 기간갱신의 청구

검사는 법무부장관에게 보안관찰처분 기간의 갱신을 청구할 수 있다. 법무부장관은 검사의 기간갱신 청구를 받은 때에는 위원회의 의결을 거쳐 이를 심사·결정하여야 한다. 보안관찰처분 기간갱신의 청구와 그 청구의 심사·결정에 대하여는 보안관찰처분청구 및 심사결정에 관한 규정을 준용한다(보안관찰법 제16조).

검사는 기간갱신사안의 조사를 종결한 후 기간갱신의 청구가 필요하다고 인정하는 경우에는 보안관찰처분의 기간만료 2월 전까지 법무부장관에게 보안관찰처분 기간갱신을 청구하여야 한다. 다만, 기간갱신 청구의 필요가 없다고 인정하는 경우에는 그 청구를 하지 아니하는 조치를 할 수 있다(보안관찰법시행규칙 제33조 제3항). 기간갱신의 청구는 <그림 4-5>의 서식에 의한다.

3) 기간갱신의 결정

법무부장관은 검사의 청구가 있는 때에는 보안관찰처분 심의위원회의 의결을 거쳐 그 기간을 갱신할 수 있다(보안관찰법 제5조 제2항).

4. 기간갱신의 불청구

검사는 기간갱신 청구의 필요가 없다고 인정하는 경우에는 그 청구를 하지 아니하는 조치를 할 수 있다.

검사는 보안관찰처분 기간갱신을 청구하지 아니하는 조치를 취한 때에는 지체 없이 그 결과를 당해 사안을 송치한 관서의 장에게 통보하여야 한다. 검사의 불청구 조치는 <그림 3-21>의 서식에 의한다.

〈그림 4-7〉 보안관찰처분 기간갱신사안부

사안번호			제 호	제 호
최종처분사안번호			년 제 호	년 제 호
접수일			. . .	. . .
갱신횟수				
주임검사				
피청구자	본적			
	주거			
	직업			
	주민등록번호			
	성명・성별			
	생년월일		. . .(세)	. . .(세)
최종처분내용	결정	결정일	. . .	. . .
		주문		. . .
	집행	집행일		. . .
		불산입기간		
		종료일		. . .
검사처분	청구		. . .	. . .
	불청구조치		. . .	. . .
결정	결정일		. . .	. . .
	주문			
이송	이송일		. . .	. . .
	관서			
보안관찰처분집행			. . .	. . .
거소제공대상자관리번호			년 제 호	년 제 호
보관번호			년 보관 제 호	년 보관 제 호
비고				

제5장
보안관찰처분의 집행

제1절 보안관찰처분의 집행개시

1. 검사의 지휘

보안관찰처분의 집행은 결정서 등본을 첨부하여 검사가 서면으로 관할경찰서장에게 집행을 지휘하여 실시한다(보안관찰법 제17조 제1항 및 제2항).

검사의 보안관찰처분 집행지휘는 <그림 5-1>의 서식에 의한다. 검사가 보안관찰처분의 집행을 지휘하는 때에는 <그림 5-2> 집행원부를 작성·비치하여야 한다.

2. 관할경찰서장의 집행

집행지휘를 받은 관할 경찰서장은 피보안관찰자에게 결정서 등본을 교부함으로써 집행을 개시한다. 피보안관찰자가 결정서등본의 수령을 거부하는 경우에는 결정서 내용을 구두로 고지함으로써 집행을 개시한다.

3. 보안관찰처분의 효력발생

피보안관찰자에게 결정서 등본을 교부한 때에 보안관찰처분의 효력이 발생한다. 만약 피보안관찰자가 결정서 등본의 수령을 거부하는 경우에는 그 내용을 구두로 고지한 때에 보안관찰처분의 효력이 발생하는 것으로 본다.

〈그림 5-1〉 보안관찰처분 집행지휘서

<table>
<tr><td colspan="5">지방검찰청

년 집 제 호   년 월 일
년 사안 제 호
수신 경찰서장   발신 지방검찰청
제목 보안관찰처분 집행지휘   검사 (인)
아래 사람에 대한 보안관찰처분의 집행을 지휘함</td></tr>
<tr><td rowspan="3">피보안관찰자</td><td>주거</td><td colspan="3"></td></tr>
<tr><td>직업</td><td></td><td>주민등록번호</td><td></td></tr>
<tr><td>성명</td><td>( )</td><td>생년월일</td><td></td></tr>
<tr><td rowspan="2">보안관찰처분</td><td>결정일</td><td colspan="3"></td></tr>
<tr><td>주문</td><td colspan="3"></td></tr>
<tr><td>비 고</td><td colspan="4"></td></tr>
<tr><td colspan="5">첨부 : 결정서등본 1통</td></tr>
</table>

〈그림 5-2〉 집행원부

집행원부

집행원부		제　　호	제　　호
사안번호			
주임검사			
피보안관찰자	주거		
	주민등록번호		
	성명		
	생년월일		
보안관찰처분	결정		
	주문		
	집행		
신고 해태 기간		~	~
		~	~
		~	~
집행중지	결정		
	중지사유		
	중지지휘		
집행중지취소	결정		
	취소사유		
	취소지휘		
	잔여기간집행지휘		
집행정지	정지		
	사유		
	해제		
비고			

제2절 보안관찰처분의 집행중지

1. 관할경찰서장의 신청

관할경찰서장은 보안관찰처분의 집행중지 사유가 발생한 때에는 주거지 관할검사에게 주거지 리·통·반의 장의 확인서 기타 피보안관찰자가 도주 또는 소재불명임을 인정할 수 있는 자료를 첨부하여 보안관찰처분 집행중지결정을 신청하여야 한다. 관할경찰서장의 보안관찰처분 집행중지결정신청서는 <그림 5-3>과 같다.

이 경우 주거지 관할검사는 전자정부법 제36조 제1항에 따른 행정정보의 공동이용을 통하여 피보안관찰자의 주민등록표 등본을 확인하여야 한다(보안관찰법시행령 제23조 제1항).

2. 검사의 처리절차

1) 집행중지의 결정

보안관찰처분의 집행중지는 집행 후 피보안관찰자가 도주 또는 소재가 불명이어서 사실상 보안관찰처분의 집행을 할 수 없는데도 보안관찰처분 기간은 계속 진행하는 것을 방지하기 위한 검사의 결정이다.

검사는 피보안관찰자가 도주하거나 1월 이상 그 소재가 불명한 때에는 보안관찰처분의 집행중지결정을 할 수 있다. 그 사유가 소멸된 때에는 지체 없이 그 결정을 취소하여야 한다(보안관찰법 제17조 제3항). 검사는 보안관찰처분 집행중지결정을 하는 때에는 피보안관찰자의 가족 및 신원보증인 기타 관계인의 진술을 듣거나 필요한 조사를 하여야 한다(보안관찰법시행규칙 제40조 제1항).

검사는 보안관찰처분의 집행중지 결정을 할 때에는 피보안관찰자의 성명 기타 피보안관찰자를 특정할 수 있는 사항, 보안관찰처분 결정일 및 그 기간갱신일, 집행중지사유, 집행중지결정일 기타 필요한 사항을 기재한 보안관찰처분 집행중지결정서를 작성하여야 한다. 검사의 보안관찰처분 집행중지결정서는 <그림 5-4>와 같다.

2) 집행지휘 및 보고

검사는 보안관찰처분의 집행중지결정을 한 때에는 관할경찰서장에게 보안관찰처분 집행중지결정의 집행지휘를 하고 지체 없이 이를 법무부장관에게 보고하여야 한다. 보안관찰처분 집행중지결정의 집행지휘는 <그림 5-5>의 서식에 의한다.

3) 보안관찰처분 집행중지의 취소

피보안관찰자는 검사의 보안관찰처분 집행중지결정에 이의가 있거나 그 집행중지결정의 사유가 소멸된 때에는 관할경찰서장을 거쳐 검사에게 보안관찰처분 집행중지결정의 취소신청을 할 수 있다(보안관찰법시행령 제23조 제5항). 보안관찰처분 집행중지결정의 취소신청은 <그림 5-6>의 서식에 의한다.

검사는 보안관찰처분 집행중지결정을 취소하는 때에는 피보안관찰자의 가족 및 신원보증인 기타 관계인의 진술을 듣거나 필요한 조사를 하여야 한다(보안관찰법시행규칙 제40조 제2항).

검사는 피보안관찰자의 취소신청이 이유 있다고 인정하는 때에는 보안관찰처분의 집행중지결정을 취소하고 지체 없이 이를 신청인에게 고지하여야 한다. 신청이 이유 없다고 인정하여 기각하는 때에도 그 취지를 고지하여야 한다. 이 경우 검사는 신청인에게 보안관찰처분 집행중지 취소결정서 등본을 직접 교부하거나 사법경찰관리로 하여금 교부하게 할 수 있다.

검사는 보안관찰법 제17조 제3항 후단의 규정[16]에 의하여 보안관찰처분의 집행중지결정을 취소할 때에는 피보안관찰자의 성명 기타 피보안관찰자를 특정할 수 있는 사항, 집행중지결정일, 집행중지결정취소사유, 취소결정일 기타 필요한 사항을 기재한 보안관찰처분집행중지 취소결정서를 작성하여야 한다. 보안관찰처분집행중지 취소결정서의 서식은 <그림 5-7>과 같다.

---

16) 제17조 (보안관찰처분의 집행) ③ 검사는 피보안관찰자가 도주하거나 1월 이상 그 소재가 불명한 때에는 보안관찰처분의 집행중지결정을 할 수 있다. 그 사유가 소멸된 때에는 지체 없이 그 결정을 취소하여야 한다.

3. 집행중지의 효과

검사의 보안관찰처분 집행중지 결정일로부터 집행중지 결정이 취소될 때까지는 보안관찰처분 기간의 진행이 정지된다. 보안관찰처분의 재집행을 위해서는 검사는 집행중지 결정 취소와 동시에 잔여기간에 대한 집행지휘를 한다.

검사가 보안관찰처분 집행중지결정의 취소를 한 때에는 관할경찰서장에게 보안관찰처분 집행중지결정의 취소지휘 또는 보안관찰처분의 잔여기간에 대한 집행지휘를 하고 지체 없이 이를 법무부장관에게 보고하여야 한다(보안관찰법시행령 제23조 제7항).

검사의 보안관찰처분 집행중지결정 취소 및 잔여기간에 대한 집행지휘는 <그림 5-8>의 서식에 의한다.

〈그림 5-3〉 보안관찰처분 집행중지결정신청서

경찰서

년 제 호 년 월 일

수신 검찰청 검사장 발신 경찰서장 인

제목 보안관찰처분집행중지결정신청

아래 사람에 대한 보안관찰처분의 집행중지결정을 신청합니다.

피보안관찰자	주거 직업 주민등록번호 성명 생년월일	( )
보안관찰처분	사안번호	
	결정일	
	집행일	
거소제공 (변경)	결정일	
	시설명 및 소재지	
신청사유		
첨부서류	신청인(대표자) 제출서류	담당공무원 확인사항 (부동의하는 경우 해당서류 제출)
	확인서 1통	주민등록등(초)본

본인은 이 건 업무처리와 관련하여 「전자정부구현을 위한 행정업무 등의 전자화 촉진에 관한 법률」 제21조제1항에 따른 행정정보의 공동이용을 통하여 담당공무원이 위의 **담당공무원 확인사항**을 확인하는 것에 동의합니다.

신청인(대표자) (서명 또는 인)

〈그림 5-4〉 보안관찰처분 집행중지결정서

<table>
<tr><td colspan="5">년 제 호

보안관찰처분 집행중지 결정서</td><td>검사장

차장검사

부장검사</td></tr>
<tr><td rowspan="3">피보안 관찰자</td><td>주거</td><td colspan="3"></td></tr>
<tr><td>직업</td><td></td><td>주민등록번호</td><td></td></tr>
<tr><td>성명</td><td>(　　)</td><td>생년월일</td><td></td></tr>
<tr><td rowspan="4">보안 관찰처분</td><td>사안번호</td><td colspan="3">년 사안 제 호</td></tr>
<tr><td>결정일</td><td></td><td>기간갱신일</td><td></td></tr>
<tr><td>집행일</td><td colspan="3"></td></tr>
<tr><td>집행관서</td><td colspan="3"></td></tr>
<tr><td colspan="2">중지사유</td><td colspan="3"></td></tr>
<tr><td colspan="5">위 피보안관찰자에 대한 보안관찰처분의 집행중지를 결정함

년 월 일
검찰청
검사 (인)</td></tr>
</table>

〈그림 5-5〉 보안관찰처분 집행중지결정 집행지휘서

검찰청

년 제 호 　　　　　　　　　　　　　　　　　　　　　년 월 일

수신 경찰서장 　　　　　　　　　　　　　　　　　　　발신 지방검찰청

제목 보안관찰처분집행중지결정 집행지휘 　　　　　　　검사 (인)

아래 피보안관찰자에 대한 보안관찰처분 집행중지결정의 집행을 지휘함

피보안관찰자	주거			
	직업		주민등록번호	
	성명	(　　)	생년월일	
보안관찰처분	사안번호	년 사안 제 호		
	결정일			
	집행일			
	집행관서			
집행중지	결정일			
	사유			
비고				

첨부 : 보안관찰처분집행중지결정서등본 1통

〈그림 5-6〉 보안관찰처분 집행중지결정 취소신청서

보안관찰처분 집행중지 결정취소신청서

신청인	주거		전화	
	직업		주민등록번호	
	성명	(　　)	생년월일	
보안관찰처분	사안번호	년 사안 제　호		
	결정일			
	집행일			
집행중지 결정일				
거소제공(변경)	결정일			
	시설명 및 소재지			
취소신청 사유				

위와 같이 보안관찰처분 집행중지결정의 취소를 신청합니다.

첨부 1.

2.

3.

년　　월　　일

신청인　　　　(인)

검찰청　검사　귀하

〈그림 5-7〉 보안관찰처분 집행중지 취소결정서

년 제 호

보안관찰처분 집행중지 취소결정서

검사장
차장검사
부장검사

피보안관찰자	주거			
	직업		주민등록번호	
	성명	(　　)	생년월일	
보안관찰처분	사안번호	년 사안 제 호		
	결정일			
	집행일			
	집행관서			
집행중지	결정일			
	사유			
취소사유				

위 피보안관찰자에 대한 보안관찰처분의 집행중지결정을 취소함

년 월 일

검찰청

검사 (인)

〈그림 5-8〉 보안관찰처분 집행중지결정취소 · 잔기간집행 지휘서

검찰청

년 제 호 년 월 일

수신 경찰서장 발신 검찰청

제목 보안관찰처분 (집행중지결정취소 / 잔기간집행) 지휘

검사 (인)

아래 피보안관찰자에 대한 보안관찰처분 (집행중지결정의취소 / 잔기간집행) 를(을) 지휘함

피보안관찰자	주거			
	직업		주민등록번호	
	성명	( )	생년월일	
보안관찰처분	사안번호	년 사안 제 호		
	결정일			
	집행일			
	집행관서			
집행중지	결정일			
	사유			
집행중지결정 취소	결정일			
	사유			
사유		보안관찰처분 집행중지 결정취소		
첨부 : 보안관찰처분 집행중지 취소결정서등본 1통				

제6장

보안관찰의 실시

제1절 피보안관찰자의 신고

1. 최초신고

보안관찰처분을 받은 자(이하 "피보안관찰자")는 보안관찰처분결정 고지를 받은 날부터 7일 이내에 다음의 사항을 주거지를 관할하는 지구대 또는 파출소의 장(이하 "지구대·파출소장"이라 한다)을 거쳐 관할경찰서장에게 신고하여야 한다. 이 때에 법무부장관으로부터 거소를 제공받은 경우에는 제공받은 거소를 주거지로 신고하여야 한다(보안관찰법 제18조 제1항). 피보안관찰자의 최초신고는 <그림 6-1>의 서식에 의한다.

① 등록기준지, 주거(실제로 생활하는 거처), 성명, 생년월일, 성별, 주민등록번호
② 가족 및 동거인 상황과 교우관계
③ 직업, 월수, 본인 및 가족의 재산상황
④ 학력, 경력
⑤ 종교 및 가입한 단체
⑥ 직장의 소재지 및 연락처
⑦ 보안관찰처분대상자 신고를 행한 관할경찰서 및 신고일자

⑧ 기타 대통령령이 정하는 사항[17)]

2. 정기신고

피보안관찰자는 보안관찰처분결정고지를 받은 날이 속한 달부터 매 3월이 되는 달의 말일까지 다음의 사항을 지구대·파출소장을 거쳐 관할경찰서장에게 신고하여야 한다(보안관찰법 제18조 제2항). 피보안관찰자의 정기신고는 <그림 6-2>의 서식에 의한다.

① 3개월간의 주요활동사항
② 통신·회합한 다른 보안관찰처분대상자의 인적사항과 그 일시, 장소 및 내용
③ 3개월에 행한 여행에 관한 사항(신고를 마치고 중지한 여행에 관한 사항 포함)
④ 관할경찰서장이 보안관찰과 관련하여 신고하도록 지시한 사항

3. 수시신고

1) 변동사항 신고

피보안관찰자는 최초신고 사항에 변동이 있을 때에는 7일 이내에 지구대·파출소장을 거쳐 관할경찰서장에게 신고하여야 한다. 또한 피보안관찰자가 최초신고를 한 후 거소를 제공을 받거나 거소를 변경한 때에는 제공 또는 변경된 거소로 이전한 후 7일 이내에 지구대·파출소장을 거쳐 관할경찰서장에게 신고하여야 한다(보안관찰법 제18조 제3항). 피보안관찰자의 변동사항 신고는 <그림 6-3>의 서식에 의한다.

17) 보안관찰법시행령 제24조 제1항: ① 국외여행관계, ② 보안관찰처분 결정일자 또는 그 기간갱신일자, ③ 보안관찰처분대상자 신고후에 범한 전과관계, ④ 보안관찰법 제20조 제3항에 해당하는 경우에는 거소 제공 결정일자와 제공된 사회복지시설 등의 명칭 및 그 소재지

2) 주거지이전 · 국외여행 · 국내여행 신고

피보안관찰자가 주거지를 이전하거나 국외여행 또는 10일 이상 주거를 이탈하여 여행하고자 할 때에는 미리 거주예정지, 여행예정지 기타 대통령령이 정하는 사항[18]을 지구대·파출소장을 거쳐 관할경찰서장에게 신고하여야 한다. 다만, 보안관찰법 제20조 제3항에 의하여 거소제공을 받은 자가 주거지를 이전하고자 할 때에는 제20조 제5항에 의하여 거소변경을 신청하여 변경결정된 거소를 거주예정지로 신고하여야 한다(보안관찰법 제18조 제4항). 피보안관찰자의 주거지이전·국외여행·국내여행 신고서 서식은 <그림 6-4>와 같다.

5. 미신고의 처리

관할경찰서장은 피보안관찰자의 최초신고, 정기신고 및 수시신고를 받은 때에는 신고필증을 교부하여야 한다.

관찰경찰서장은 피보안관찰자가 전술한 최초신고, 정기신고 및 수시신고를 하지 아니할 때에는 즉시 관할 검사에게 보고하고, 피보안관찰자가 계속 신고를 거부할 때에는 특별한 사정이 없는 한 보안관찰법 위반으로 입건하여 수사를 진행한다.

---

18) 보안관찰법시행령 제24조 제2항:

(1) 주거지 이전의 경우: ① 이전예정지, ② 이전예정일, ③ 이전사유, ④ 기타 필요한 사항

(2) 국외여행의 경우: ① 여행대상국, ② 여행목적, ③ 여행기간, ④ 동행자, ⑤ 여권의 종류 및 여권번호, ⑥ 기타 필요한 사항

(3) 국내여행의 경우: ① 여향목적지, ② 여행목적, ③ 여행기간, ④ 동행자, ⑤ 기타 필요한 사항

〈그림 6-1〉 피보안관찰자 신고서

피보안관찰자신고서

(앞면)

성명	( )		성별	
생년월일		주민등록번호		
주거		전화		
출생지				
원적				
본적				
직업 및 직위		직장소재지	전화	

재산 관계	월수입	동산	부동산	자택여부	가족의 재산상황
				자가 · 셋집 · 하숙 · 기타	동산 부동산

가족관계	관계	성명	연령	학력	직업	관계	성명	연령	학력	직업

교우관계	성명	연령	학력	직업	주소	관계

학력			경력		
기간	학교명	적요	기간	근무처	직위 · 직책

가입한 단체	단체명	직위	가입일시	탈퇴일시	탈퇴사유

(뒷면)

<table>
<tr><td rowspan="6">국외여행
관계</td><td>대상국</td><td colspan="2">여행기간</td><td>여행목적</td></tr>
<tr><td></td><td colspan="2"></td><td></td></tr>
<tr><td></td><td colspan="2"></td><td></td></tr>
<tr><td></td><td colspan="2"></td><td></td></tr>
<tr><td></td><td colspan="2"></td><td></td></tr>
<tr><td></td><td colspan="2"></td><td></td></tr>
<tr><td colspan="2">보안관찰처분대상자 신고일 및 신고경찰서</td><td colspan="3">년 월 일 경찰서</td></tr>
<tr><td colspan="2">보안관찰처분(기간갱신)결정일</td><td colspan="3"></td></tr>
<tr><td colspan="2">보안관찰처분대상자
신고후에 범한 전과관계</td><td colspan="3"></td></tr>
<tr><td colspan="2" rowspan="2">거소제공(변경)</td><td>결정일</td><td>시설명</td><td>소재지 및 전화</td></tr>
<tr><td></td><td></td><td></td></tr>
<tr><td colspan="2">신고접수자</td><td colspan="3">경찰서 지 · 파출소장
사법경찰관(리) (인)</td></tr>
<tr><td colspan="5">본인은 보안관찰법 제18조제1항 및 동법시행령 제24조제1항에 의하여 위와 같이 신고합니다.

년 월 일

신고인 (인)

경찰서장 귀하</td></tr>
</table>

〈그림 6-2〉 피보안관찰자 정기신고서

피보안관찰자정기신고서

<table>
<tr><td rowspan="3">피보안관찰자</td><td>성명</td><td colspan="4">(　　　)</td></tr>
<tr><td>생년월일</td><td colspan="2"></td><td>주민등록번호</td><td></td></tr>
<tr><td>주거</td><td colspan="2"></td><td>전화</td><td></td></tr>
<tr><td colspan="3">보안관찰처분(기간갱신)결정일</td><td colspan="3"></td></tr>
<tr><td rowspan="4">신고
사항</td><td colspan="2">3월간의 주요 활동사항</td><td colspan="3"></td></tr>
<tr><td colspan="2">통신회합한 다른 보안관찰처분대상자의 인적 사항과 그 일시 · 장소 및 내용</td><td colspan="3"></td></tr>
<tr><td colspan="2">3월간에 행한 여행에 관한 사항</td><td colspan="3"></td></tr>
<tr><td colspan="2">관할경찰서장이 지시한 사항 및 그 이행여부</td><td colspan="3"></td></tr>
<tr><td colspan="3">신고접수자</td><td colspan="3">경찰서　　지 · 파출소
사법경찰관(리)　　(인)</td></tr>
<tr><td colspan="6">보안관찰법 제18조제2항에 의하여 위와 같이 신고합니다.

년　　월　　일
신고인　　　　(인)

경찰서장 귀하</td></tr>
</table>

〈그림 6-3〉 피보안관찰자 정기신고서

피보안관찰자변동사항신고서

<table>
<tr><td rowspan="3">피보안관찰자</td><td>성명</td><td colspan="3">(　　)</td></tr>
<tr><td>생년월일</td><td></td><td>주민등록번호</td><td></td></tr>
<tr><td>주거</td><td colspan="3">전화</td></tr>
<tr><td colspan="2">보안관찰처분(기간갱신)결정일</td><td colspan="3"></td></tr>
<tr><td>변동사항</td><td colspan="4"></td></tr>
<tr><td>신고접수자</td><td colspan="4">경찰서　　지 · 파출소
사법경찰관(리)　　(인)</td></tr>
<tr><td colspan="5">보안관찰법 제18조제3항에 의하여 위와 같이 신고합니다.

년　　월　　일
신고인　　　　(인)

경찰서장 귀하</td></tr>
</table>

〈그림 6-4〉 피보안관찰자 주거지이전 · 국외여행 · 국내여행 신고서

<table>
<tr><td rowspan="3">피보안관찰자 (</td><td>주거지이전</td><td rowspan="3">) 신고서</td></tr>
<tr><td>국외여행</td></tr>
<tr><td>국내여행</td></tr>
</table>

(앞면)

<table>
<tr><td rowspan="6">피보안관찰자</td><td>성명</td><td colspan="2">(　　)</td><td>성별</td><td></td></tr>
<tr><td>생년월일</td><td></td><td colspan="2">주민등록번호</td><td></td></tr>
<tr><td>주거</td><td colspan="2"></td><td>전화</td><td></td></tr>
<tr><td colspan="2">보안관찰대상자신고일 및 신고경찰서</td><td colspan="3">년 월 일 경찰서</td></tr>
<tr><td colspan="2">보안관찰처분(기간갱신)결정일</td><td colspan="3"></td></tr>
<tr><td colspan="2">피보안 관찰자 신고일</td><td colspan="3"></td></tr>
</table>

<table>
<tr><td rowspan="14">신고사항</td><td rowspan="6">주거지이전</td><td>이전예정지</td><td colspan="8"></td></tr>
<tr><td>이전예정일</td><td colspan="3"></td><td colspan="2">이전예정지관할경찰서</td><td colspan="3"></td></tr>
<tr><td>이전사유</td><td colspan="8"></td></tr>
<tr><td rowspan="3">동거가족</td><td>관계</td><td>성명</td><td>연령</td><td>직업</td><td>관계</td><td>성명</td><td>연령</td><td>직업</td></tr>
<tr><td></td><td></td><td></td><td></td><td></td><td></td><td></td><td></td></tr>
<tr><td></td><td></td><td></td><td></td><td></td><td></td><td></td><td></td></tr>
<tr><td rowspan="8">국외여행</td><td>대상국</td><td colspan="8"></td></tr>
<tr><td>경유국</td><td colspan="8"></td></tr>
<tr><td>여행목적</td><td colspan="8"></td></tr>
<tr><td>여행기간</td><td colspan="8">년 월 일 ~ 년 월 일(일간)</td></tr>
<tr><td rowspan="3">동행자</td><td>관계</td><td>성명</td><td>연령</td><td>직업</td><td>관계</td><td>성명</td><td>연령</td><td>직업</td></tr>
<tr><td></td><td></td><td></td><td></td><td></td><td></td><td></td><td></td></tr>
<tr><td></td><td></td><td></td><td></td><td></td><td></td><td></td><td></td></tr>
<tr><td>여권의종류</td><td colspan="3"></td><td>여권번호</td><td colspan="4"></td></tr>
</table>

(뒷면)

<table>
<tr><td rowspan="11">신고
사항</td><td rowspan="11">국내
여행</td><td>목적지</td><td colspan="8"></td></tr>
<tr><td>여행목적</td><td colspan="8"></td></tr>
<tr><td>여행기간</td><td colspan="8">년 월 일~ 년 월 일(일간)</td></tr>
<tr><td>여행목적지관할경찰서</td><td colspan="8"></td></tr>
<tr><td>여행중숙박할장소</td><td colspan="8"></td></tr>
<tr><td rowspan="3">동행자</td><td>관계</td><td>성명</td><td>연령</td><td>직업</td><td>관계</td><td>성명</td><td>연령</td><td>직업</td></tr>
<tr><td></td><td></td><td></td><td></td><td></td><td></td><td></td><td></td></tr>
<tr><td></td><td></td><td></td><td></td><td></td><td></td><td></td><td></td></tr>
<tr><td rowspan="3">여행중만날사람</td><td>관계</td><td>성명</td><td>연령</td><td>직업</td><td colspan="4">연락처</td></tr>
<tr><td></td><td></td><td></td><td></td><td colspan="4"></td></tr>
<tr><td></td><td></td><td></td><td></td><td colspan="4"></td></tr>
<tr><td colspan="2">기타참고사항</td><td colspan="9"></td></tr>
<tr><td colspan="2">신고접수자</td><td colspan="9">경찰서 지・파출소장
사법경찰관(리) (인)</td></tr>
<tr><td colspan="11">보안관찰법 제18조제4항 및 동법시행령 제24조제2항에 의하여 위와 같이 신고합니다.

년 월 일
신고인 (인)

경찰서장 귀하</td></tr>
</table>

제2절 동태관찰, 동태통보 및 동태보고

1. 동태관찰

1) 개념

동태관찰이란 보안관찰해당범죄를 다시 범하지 않도록 피보안관찰자의 동태를 관찰하고 사회에 정상적으로 복귀할 수 있도록 선도하는 활동이다.

보안관찰처분을 받은 자, 즉 피보안관찰자는 보안관찰법이 정하는 바에 따라 재범방지에 필요한 범위 안에서 관할경찰서장의 지시에 따라 보안관찰을 받아야 할 의무를 진다(보안관찰법 제4조 제2항 후단). 반면에 관할경찰서장은 피보안관찰자의 동태를 관찰하고 사회에 정상적으로 복귀하도록 선도하여 보안관찰해당범죄를 다시 범하지 아니하도록 예방해야만 하는 책임이 있다.

2) 방법

관할경찰서장은 먼저 피보안관찰자의 동태관찰을 위해서 <그림 6-5>와 같은 보안관찰부를 작성·비치해야 한다. 그리고 매월 1회 이상 피보안관찰자의 각종 신고의무 이행여부, 지시사항, 재범방지를 위한 조치사항, 경고사항 등의 준수여부를 확인하고 그 동태를 관찰하여 그 결과를 보안관찰부에 기재하여야 한다.

2. 동태통보

보안관찰법시행령 제24조 제3항의 규정[19]에 의하여 여행사실의 통보를 받은 여행목적지 관할경찰서장은 피보안관찰자의 도착여부를 확인한 후 지체 없이 이를 관할경찰서장에게 통보하여야 한다(보안관찰법시행규칙 제42조 제1항).

---

19) 관할경찰서장은 제2항 제1호(주거지 이전) 및 제3호(국내여행)의 규정에 의한 신고서를 접수한 때에는 지체 없이 그 사실을 이전예정지 또는 여행목적지 관할경찰서장에게 통보하여야 한다.

여행목적지 관할경찰서장은 피보안관찰자가 그 관할지역이 속하는 특별시·직할시·시 또는 군에 체재하는 동안 그 동태를 관찰하고 피보안관찰자에게 다음에 해당하는 사유가 발생한 때에는 지체 없이 이를 관할경찰서장에게 통보하여야 한다(보안관찰법시행규칙 제42조 제2항).

① 죄를 범한 때
② 다른 피보안관찰자 또는 보안관찰처분대상자와 통신·회합한 때
③ 소재불명이 된 때
④ 사망한 때
⑤ 기타 신원에 중대한 사유가 발생한 때

3. 동태보고

동태보고란 관할경찰서장이 피보안관찰자의 주요 동태를 관할검사에게 정기 또는 수시로 보고하는 활동이다. 동태보고의 유형에는 정기 동태보고와 수시 동태보고가 있다.

1) 정기 동태보고

관할경찰서장은 매 3월마다 법 제18조 제2항의 규정[20]에 의하여 신고 된 사항을 포함한 피보안관찰자의 주요 동태를 주거지 관할검사에게 보고하여야 한다(보안관찰법시행령 제5조 제1항). 피보안관찰자에 대한 정기 동태보고는 <그림 6-6>의 서식에 의한다.

---

20) 피보안관찰자는 보안관찰처분결정고지를 받은 날이 속한 달부터 매3월이 되는 달의 말일까지 다음 각호의 사항을 지구대·파출소장을 거쳐 관할경찰서장에게 신고하여야 한다.
1. 3월간의 주요활동사항
2. 통신·회합한 다른 보안관찰처분대상자의 인적사항과 그 일시, 장소 및 내용
3. 3월간에 행한 여행에 관한 사항(신고를 마치고 중지한 여행에 관한 사항을 포함한다)
4. 관할경찰서장이 보안관찰과 관련하여 신고하도록 지시한 사항

2) 수시 동태보고

관할경찰서장은 피보안관찰자에게 다음에 해당하는 사유가 발생한 때에는 지체 없이 이를 주거지 관할검사에게 보고하여야 한다(보안관찰법시행령 제5조 제2항). 피보안관찰자에 대한 수시 동태보고는 <그림 6-6>의 서식에 의한다.

① 죄를 범한 때
② 보안관찰처분과 관련한 각종 지시에 위반한 때
③ 일정한 주거가 없게 된 때
④ 10일 이상 주거지를 무단이탈하거나 소재불명이 된 때
⑤ 사망한 때
⑥ 보안관찰법 제17조 제3항의 규정에 의한 보안관찰처분집행중지 사유가 발생한 때
⑦ 보안관찰법 제22조의 규정에 의한 경고를 한 때
⑧ 보안관찰법 제25조 제3항 후단의 규정에 의한 보안관찰처분기간의 진행정지 사유가 발생한 때
⑨ 기타 신원에 중대한 사유가 발생한 때

〈그림 6-5〉 보안관찰부

보안관찰부

(앞면)

고유번호			작성일자	
인적사항	성명		성별	
	생년월일		주민등록번호	
	주거		전화	
	출생지			
	원적			
	본적			
직업 및 직위			직장소재지	

재산관계	월수입	동산	부동산	자택여부	가족의 재산상황
				자가 · 셋집 하숙 · 기타	동산 부동산

가족관계	관계	성명	연령	학력	직업	관계	성명	연령	학력	직업

교우관계	성명	연령	학력	직업 및 직위	주소	관계

학력			경력		
기간	학교명	적요	기간	근무처	직위

병역관계	복무기간	군별	계급

가입한 단체	단체명	직위	가입일	탈퇴일	탈퇴사유

신고사항		보안관찰, 지시, 조치, 경고, 응급구호사항		
일시	내용	일시	내용	관찰자계급성명

〈그림 6-6〉 피보안관찰자 정기 · 수시 동태보고서

ㅇㅇ경찰서

( )

년 사안 제 호 년 월 일

수신 검찰청(지청) 검사장(지청장) 발신 경찰서장 [인]

제목 피보안관찰자(정기 / 수시)동태보고

아래와 같이 보고합니다.

피보안관찰자	주거			
	직업		주민등록번호	
	성명		생년월일	
보안관찰처분	결정일	년 월 일		
	집행일	년 월 일		
보고내용				
참고사항				

제3절 지도 및 경고

1. 지도

1) 개념

지도란 검사와 사법경찰관리가 피보안관찰자의 재범을 방지하고 건전한 사회복귀를 촉진하기 위하는데 필요한 관찰·지시·조치 등을 수행하는 일련의 활동을 의미한다.

검사 및 사법경찰관리는 피보안관찰자의 재범을 방지하고 건전한 사회복귀를 촉진하기 위하여 피보안관찰자와의 면접과 통신, 가족 및 그 관계인과의 협의, 거소로 제공된 사회복지시설등의 장 및 관계기관과의 협조에 의하여 계속적으로 관찰·지도하여야 하며, 피보안관찰자 및 그 관계인의 신뢰와 협력을 얻도록 노력하여야 한다(보안관찰법시행령 제25조 제1항).

2) 유형

지도는 '검사 및 사법경찰관리'의 지도와 '검사 및 사법경찰관'의 지도 두 가지 유형으로 구분할 수 있다.

먼저 검사 및 사법경찰관리의 지도를 살펴보면, 검사 및 사법경찰관리는 피보안관찰자의 재범을 방지하고 건전한 사회복귀를 촉진하기 위하여 ① 피보안관찰자와 긴밀한 접촉을 가지고 항상 그 행동 및 환경 등을 관찰하는 것, ② 피보안관찰자에 대하여 신고사항을 이행함에 적절한 지시를 하는 것, ③ 기타 피보안관찰자가 사회의 선량한 일원이 되는데 필요한 조치를 취하는 것과 같은 방법으로 피보안관찰자를 지도할 수 있다(보안관찰법 제19조 제1항).

다음으로 검사 및 사법경찰관의 지도를 살펴보면, 피보안관찰자의 재범방지를 위하여 특히 필요한 경우에는 ① 보안관찰해당범죄를 범한 자와의 회합·통신을 금하는 것, ② 집단적인 폭행, 협박, 손괴, 방화 등으로 공공의 안녕질서에 직접적인 위협을 가할 것이 명백한 집회 또는 시위 장소에의 출입을 금지하는 것, ③ 피보안관찰자의 보호 또는 조사를 위하여 특정장소에 출석을 요구하는 것과 같은 조치를 취할 수 있다(보안관찰법 제19조 제2항).

3) 조치방법

검사 및 사법경찰관은 피보안관찰자의 재범방지를 위한 조치를 할 때에는 피보안관찰자에게 조치의 취지를 설명하고 조치사항을 기재한 서면을 교부해야 한다. 조치사항을 기재한 조치서는 <그림 6-7>과 같다. 이 경우 검사 및 사법경찰관은 피보안관찰자의 자유를 부당하게 제한하지 않도록 유의해야 한다.

한편 사법경찰관이 피보안관찰자의 재범방지를 위한 조치를 할 때에는 긴급을 요하는 경우를 제외하고는 미리 주거지 관할 검사에게 보고하여야 한다. 이 경우 사법경찰관은 조치를 필요로 하는 사유와 조치할 사항을 <그림 6-8> 재범방지 조치보고서에 구체적으로 기재하여야 한다. 긴급을 요하여 미리 조치를 한 후 보고하는 때에도 또한 같다(보안관찰법시행규칙 제43조 제2항).

2. 경고

1) 개념

경고란 검사 및 사법경찰관리가 피보안관찰자가 의무를 위반하였거나 위반할 위험성이 있다고 의심할 상당한 이유가 있는 때에 그 이행을 촉구하는 형사처벌 등 불이익한 처분을 받을 수 있음을 고지하는 활동이다(보안관찰법 제22조).

2) 방법

검사 및 사법경찰관리는 경고일시, 경고이유, 경고내용 및 그에 위반하는 경우 형사처벌 등 불이익한 처분을 받을 수 있음을 기재한 서면에 의하여야 한다. 다만, 긴급을 요하는 경우에는 구두로 경고할 수 있다(보안관찰법시행령 제31조). 검사 및 사법경찰관리의 경고는 <그림 6-9>의 서식에 의한다.

〈그림 6-7〉 조치서

조치서

귀하

귀하는 　년 　월 　일 보안관찰처분(기간갱신)결정을 받은 피보안관찰자입니다. 귀하에 대하여 보안관찰법 제19조제2항 및 동법시행령 제25조제2항의 규정에 의하여 다음 사항을 지시하니 준수하시기 바랍니다.

만일, 이를 위반하는 때에는 보안관찰법 제27조제3항에 의하여 1년이하의 징역 또는 50만원 이하의 벌금형으로 처벌받게 됨을 명심하시기 바랍니다.

준수사항

1.

2.

3.

4.

년 　월 　일

(관서명)

(조치자 직위·성명) 　(인)

〈그림 6-8〉 재범방지 조치보고서

경찰서

제 호 년 월 일

수신 검찰청 검사장 발신 경찰서장 [인]

제목 재범방지 조치보고

아래 피보안관찰자의 재범방지를 위하여 다음과 같이 조치하겠(였)음을 보고합니다.

피보안관찰자	주거 직업 주민등록번호 성명 생년월일	
조치일시 및 장소		
조치를 필요로 하는 사유		
조치사항		
조치자		사법경찰관 (인)

〈그림 6-9〉 경고서

경고서

귀하

귀하에 대하여 다음 사항을 경고합니다.

만일 경고내용을 위반하는 때에는 보안관찰법 제27조의 규정에 의하여 형사처벌 등 불이익한 처분을 받을 수도 있읍니다.

다음

1. 경고일시 :
2. 경고이유 :
3. 경고내용 :

년 월 일

(관서명)

(경고자 직위·성명) (인)

제4절 보호 및 응급구호

1. 보호

1) 개념

보호란 피보안관찰자의 자조 노력을 도와주는 검사 및 사법경찰관리의 활동을 의미한다. 검사 및 사법경찰관리는 피보안관찰자가 자조의 노력을 함에 있어서 그의 개선과 자위를 위하여 필요하다고 인정되는 적절한 보호를 할 수 있다(보안관찰법 제20조).

2) 방법

① 주거 또는 취업을 알선하는 것
② 직업훈련의 기회를 제공하는 것
③ 환경을 개선하는 것
④ 기타 본인의 건전한 사회복귀를 위하여 필요한 원조를 하는 것

2. 응급구호

1) 개념

응급구호란 피보안관찰자에게 부상·질병 기타 긴급사유가 발생하였을 때에 이를 도와주는 검사 및 사법경찰관리의 구호활동을 의미한다.

검사 및 사법경찰관리는 피보안관찰자에게 질병, 부상 기타 긴급한 사유가 발생하였을 때에는 필요한 구호를 할 수 있다(보안관찰법 제21조).

2) 응급구호의 범위

응급구호는 다음의 경우에 해당되는 때에 실시할 수 있다(보안관찰법시행령 제30조). 사법경찰관리가 응급구호를 행한 때에는 지체 없이 이를 검사에게 보고하여야 한다. 사법경찰관리의 보고는 <그림 6-6> 피보안관찰자 정기·수시 동태보고서의 서식에 의한다. 사법경찰관리는 이 서식에 응급구호 일시 및 내용 기타 필요한 사항을 기재하여야 한다.

① 질병, 부상 기타 긴급한 사유의 발생으로 피보안관찰자의 생명 · 신체에 중대한 위험이 예상될 때

② 기타 응급구호를 함이 적절하다고 인정되는 긴급한 사유가 있는 때

제7장
기타 사항

제1절 거소의 제공 및 변경

1. 의의

법무부장관은 보안관찰처분대상자 또는 피보안관찰자 중 국내에 가족이 없거나 가족이 있어도 인수를 거절하는 자에 대하여 대통령령에서 정하는 바에 따라 거소를 제공할 수 있다(보안관찰법 제20조 제3항).

또한 법무부장관은 거소제공을 받은 자에게 국내에 인수를 희망하는 가족이 생기거나 기타 거소변경의 필요가 있는 때에는 본인의 신청 또는 검사의 청구에 의하여 이미 제공한 거소를 변경할 수 있다(보안관찰법 제20조 제5항).

2. 거소제공의 절차

1) 교도소등의 장 및 관할경찰서장의 신청

교도소등의 장은 수용중인 보안관찰처분대상자 또는 피보안관찰자 중 거소제공이 필요한 자(이하 "거소제공대상자")가 생긴 때에는 특별한 사유가 있는 경우를 제외하고는 출소예정일 2월 전까지 교도소등의 소재지 관할검사에게 거소제공의 청구를 신청하여야 한다. 또한 관할경찰서장은 그 관할구역 내에 거소제공대상자가 생긴 때에는 지체 없이 주거지 관할검사에게 거소제공의 청구를 신청하여야 한다.

교도소등의 장 및 관할경찰서장은 거소제공의 청구를 신청을 하는 때에는 거소제공대상자의 성명 기타 거소제공대상자임을 특정할 수 있는 사항, 거소제공의 필요사유, 행형성적 또는 최근의 동태를 기재한 신청서와 거소제공에 필요한 자료를 제출하여야 한다. 교도소등의 장 및 관할경찰서장의 거소제공 청구신청은 <그림 7-1>의 서식에 의한다.

2) 검사의 청구

보안관찰법 제20조 제3항의 규정에 의한 거소제공은 검사의 청구에 의하여 법무부장관이 결정한다.

검사는 거소제공대상자에게 거소제공의 필요가 있다고 인정하는 때에는 거소제공청구의 신청을 받은 날부터 20일 이내에 법무부장관에게 거소제공의 청구를 하여야 한다. 또한 검사가 거소제공대상자에게 거소제공의 필요가 있다고 인정하는 때에는 출소예정일 1월전까지 법무부장관에게 거소제공의 청구를 하여야 한다. 검사는 법무부장관에게 거소제공을 청구하는 때에는 청구서와 거소제공에 필요한 자료를 제출하여야 한다.

검사가 거소제공의 청구를 하는 때에는 <그림 7-2> 거소제공 청구서에 의하고, <그림 7-3> 거소제공대상자 관리부를 작성·비치하여야 한다.

3) 법무부장관의 결정

법무부장관은 거소제공대상자에 대하여 거소제공이 필요하다고 인정하는 때에는 사회복지사업법에 의한 사회복지시설 기타 본인의 건전한 사회복귀를 위하여 도움이 되는 적절한 시설을 거소로 지정하여야 한다.

사회복지사업법에 의한 사회복지시설[21]로서 대통령령이 정하는 시설의 장은 법무부

21) 이 경우 사회복지시설은 사회복지사업법에 의한 사회복지시설 중 기거와 침식을 제공할 수 있는 시설로 한다. 법무부장관은 사회복지시설을 거소로 지정하는 때에는 보건복지부장관의 의

장관으로부터 보안관찰처분대상자 또는 피보안관찰자에 대한 거소제공의 요청을 받은 때에는 정당한 이유 없이 이를 거부하여서는 아니 된다(보안관찰법 제20조 제4항).

4) 검사의 통보 및 고지

검사는 법무부장관이 거소제공의 결정을 한 때에는 지체 없이 교도소등의 장 또는 관할경찰서장, 사회복지시설등의 장에게 결정내용 및 결정일을 통보하여야 한다.

거소제공대상자에 대한 거소제공결정의 고지는 검사가 거소제공결정서등본을 송달하는 방법으로 한다. 검사가 거소제공결정서 등본을 송달하는 때에는 거소제공대상자에게 직접 교부하거나 교도소등의 장 또는 사법경찰관리로 하여금 교부하게 할 수 있다.

5) 교도소등의 장 및 관할경찰서장의 조치

교도소등의 장은 거소제공대상자가 출소하는 때에는 지체 없이 거소제공 결정을 받은 보안관찰처분대상자 또는 피보안관찰자를 지정된 사회복지시설등의 장에게 인계하고 즉시 이를 검사에게 보고하여야 한다.

관할경찰서장은 거소제공결정의 통보를 받은 때에는 지체 없이 거소제공 결정을 받은 보안관찰처분대상자 또는 피보안관찰자를 지정된 사회복지시설등의 장에게 인계하고 즉시 이를 검사에게 보고하여야 한다.

3. 거소변경의 절차

1) 거소변경의 신청

거소제공을 받은 자가 거소변경을 신청하는 때에는 관할경찰서장에게 거소변경 신청서와 거소변경이 필요함을 인정할 수 있는 서류를 제출하여야 한다. 거소변경 신청은 <그림 7-4>의 서식에 의한다.

견을 들어야 한다.

관할경찰서장은 거소변경 신청서와 관계서류를 접수한 때에는 20일 이내에 의견서와 거소변경에 필요한 자료를 첨부하여 주거지 관할검사에게 송부하여야 한다. 관할경찰서장이 관할검사에게 보내는 의견서는 <그림 4-3>의 서식에 의하고, 송부서는 <그림 7-5>의 서식에 의한다.

검사는 관할경찰서장으로부터 송부된 거소변경 신청서와 관계서류를 송부 받은 때에는 20일 이내에 의견서와 거소변경에 필요한 자료를 첨부하여 법무부장관에게 송부하여야 한다. 검사의 의견서는 <그림 4-3>의 서식에 의하고, 법부부장관에게 보내는 송부서는 <그림 7-6>의 서식에 의한다.

2) 검사의 거소변경 청구

검사는 거소변경의 청구를 하는 때에는 법무부장관에게 거소변경 청구서와 의견서 및 거소변경에 필요한 자료를 제출하여야 한다. 검사의 거소변경 청구는 <그림 7-7>의 서식에 의하고, 의견서는 <그림 4-3>의 서식에 의한다.

3) 법무부장관의 결정

법무부장관은 본인의 신청 또는 검사의 청구에 의하여 이미 제공한 거소를 변경할 수 있다. 이 경우 법무부장관은 3월 이내에 거소의 변경여부를 결정하여야 한다.

4) 준용규정

보안관찰법시행령 제26조 제6항 내지 제9항의 규정은 법무부장관이 거소변경 결정을 하는 경우에 이를 준용한다.

4. 임시거소의 제공

검사는 긴급을 요하여 법무부장관의 거소제공결정 또는 거소변경결정을 기다릴 여유가 없는 때에는 사회복지시설등의 장과 협의하여 거소제공대상자에게 임시거소를 제공할 수 있다. 검사가 의한 임시거소의 제공을 한 때에는 지체 없이 이를 법무부장관에게 보고하여야 한다.

5. 동태통보

사회복지시설등의 장은 보호하고 있는 보안관찰처분대상자 또는 피보안관찰자에 대하여 다음에 해당하는 사유가 발생한 때에는 지체 없이 이를 관할경찰서장에게 통보하여야 한다. 사회복지시설등의 장의 통보는 <그림 7-8> 보안관찰처분대상자·피보안관찰자 동태통보서에 의한다.

① 죄를 범한 때
② 사망한 때
③ 소재가 불명하거나 도주한 때
④ 인수할 가족이 생긴 때
⑤ 기타 신원에 중대한 사유가 발생한 때

〈그림 7-1〉 거소제공청구신청서

(관서명)

년 제 호 　　　　　　　　　　　　　　　　　　　　년 　월 　일

수신 　지방검찰청검사장 　　　　　　　　　　　　발신 　(관서장) [인]

제목 거소제공 청구신청

아래 사람에 대하여 거소제공의 청구를 신청합니다.

<table>
<tr><td rowspan="5">거소제공 대상자</td><td>주거</td><td colspan="3"></td></tr>
<tr><td>직업</td><td colspan="3"></td></tr>
<tr><td>주민등록번호</td><td colspan="3"></td></tr>
<tr><td>성명</td><td colspan="3">(　　)</td></tr>
<tr><td>생년월일</td><td colspan="3"></td></tr>
<tr><td colspan="2">신체이상 유무 및 건강상태</td><td colspan="3"></td></tr>
<tr><td colspan="2">출소(예정)일</td><td></td><td>출소사유</td><td></td></tr>
<tr><td colspan="2">보안관찰처분여부및내용</td><td colspan="3"></td></tr>
<tr><td colspan="2">거소제공의 필요사유</td><td colspan="3"></td></tr>
<tr><td colspan="2">제공될 거소의 시설명 및 소재지</td><td colspan="3"></td></tr>
<tr><td colspan="2">행형성적 또는 최근의 동태</td><td colspan="3"></td></tr>
<tr><td colspan="5">첨부 1. 판결문등본 또는 보안관찰부등본 　1통
2.</td></tr>
</table>

〈그림 7-2〉 거소제공청구서

<table>
<tr><td colspan="4">

지방검찰청

년 제 호 년 월 일
수신 법무부장관 발신 지방검찰청
제목 거소제공청구 검사 (인)
아래 사람에 대하여 거소제공을 청구합니다.

</td></tr>
<tr><td rowspan="5">거소제공 대상자</td><td>주거</td><td colspan="2"></td></tr>
<tr><td>직업</td><td colspan="2"></td></tr>
<tr><td>주민등록번호</td><td colspan="2"></td></tr>
<tr><td>성명</td><td colspan="2"></td></tr>
<tr><td>생년월일</td><td colspan="2"></td></tr>
<tr><td colspan="2">출소(예정)일</td><td></td><td>출소사유</td></tr>
<tr><td colspan="2">보안관찰처분여부 및 내용</td><td colspan="2"></td></tr>
<tr><td colspan="2">거소제공의 필요사유</td><td colspan="2"></td></tr>
<tr><td colspan="2">제공될 거소의 시설명 · 소재지</td><td colspan="2"></td></tr>
<tr><td colspan="2">임시거소제공요청여부 및 내용</td><td colspan="2"></td></tr>
<tr><td colspan="4">첨부 1. 신청서 1통
2. 판결문등본 또는 보안관찰부등본 1통</td></tr>
</table>

〈그림 7-3〉 거소제공대상자 관리부

거소제공대상자관리부

년 제 호		제 호	제 호
접수일자			
구분			
주임검사			
거소제공대상자	본적		
	주거		
	직업		
	주민등록번호		
	성명 · 성별		
	생년월일	. . .(세)	. . .(세)
거소제공	청구	. . .	. . .
	결정	. . .	. . .
	시설명 및 소재지		
거소변경	신청 또는 청구	. . .	. . .
	결정	. . .	. . .
	내용		
임시거소제공	제공일	. . .	. . .
	시설명 및 소재지		
보안관찰처분사안번호		제 호	제 호
비고			

〈그림 7-4〉 거소변경신청서

거소변경신청서

<table>
<tr><td rowspan="5">신
청
인</td><td>주거
(시설명및소재지)</td><td></td></tr>
<tr><td>직업</td><td></td></tr>
<tr><td>주민등록번호</td><td></td></tr>
<tr><td>성명</td><td>(　　)</td></tr>
<tr><td>생년월일</td><td></td></tr>
<tr><td colspan="2">거소 제공 결정일</td><td></td></tr>
<tr><td colspan="2">변경될거주예정지
(시설명 및 소재지)</td><td></td></tr>
<tr><td colspan="2">거소변경의 필요사유</td><td></td></tr>
</table>

위와 같이 거소변경을 신청합니다.

첨부 1.

2.

3.

년　　월　　일

신청인　　　(인)

법무부장관　귀하

〈그림 7-5〉 거소변경신청서 송부서

(경찰서용)

<table>
<tr><td colspan="3">

경찰서

년 제 호 　　　　　　　　　　　　　　　　년 　 월 　 일

수신 지방검찰청검사장 　　　　　　　　　　발신 　 경찰서장 [인]

제목 거소변경신청서 송부

아래 사람의 거소변경신청서와 관계서류를 송부합니다.

</td></tr>
<tr><td>신청인</td><td>주거
(시설명및소재지)
직업
주민등록번호
성명
생년월일</td><td>(　　)</td></tr>
<tr><td colspan="2">접수일</td><td></td></tr>
<tr><td colspan="2">거소제공 결정일</td><td></td></tr>
<tr><td colspan="2">변경될거주예정지(시설명및소재지)</td><td></td></tr>
<tr><td colspan="3">첨부 1. 신청서 　 1통
2. 의견서 　 1통</td></tr>
</table>

〈그림 7-6〉 거소변경신청서 송부서

(검찰청용)

지방검찰청

년 제 호 년 월 일

수신 법무부장관 발신 지방검찰청

제목 거소변경신청서 송부 검사 (인)

아래 사람의 거소변경신청서와 관계서류를 송부합니다.

신청인	주거 (시설명및소재지) 직업 주민등록번호 성명 생년월일	
거소제공 결정일		
변경될거주예정지(시설명 및 소재지)		

첨부 1. 신청서 1통
2. 의견서 1통

〈그림 7-7〉 거소변경청구서

<table>
<tr><td colspan="3">

지방검찰청

년 제 호 년 월 일

수신 법무부장관 발신 지방검찰청

제목 거소변경청구 검사 (인)

아래 사람에 대하여 거소변경을 청구합니다.

</td></tr>
<tr><td rowspan="5">피
청
구
자</td><td>주거
(시설명및소재지)</td><td></td></tr>
<tr><td>직업</td><td></td></tr>
<tr><td>주민등록번호</td><td></td></tr>
<tr><td>성명</td><td>( )</td></tr>
<tr><td>생년월일</td><td></td></tr>
<tr><td colspan="2">거소제공 결정일</td><td></td></tr>
<tr><td colspan="2">변경될거주예정지(시설명 및 소재지)</td><td></td></tr>
<tr><td colspan="2">변경사유</td><td></td></tr>
<tr><td colspan="3">첨부 1. 거소제공결정서등본 1통</td></tr>
</table>

〈그림 7-8〉 보안관찰처분대상자 · 피보안관찰자 동태통보서

(시설명)

(　　　　)

제　　호　　　　　　　　　　　　　　　　　　년　　월　　일

수신　경찰서장　　　　　　　　발신　　(시설의장) [인]

제목 (보안관찰처분대상자 / 피보안관찰자) 동태통보

당시설에 거주하는 아래 사람에 대하여 다음과 같은 사유가 발생하였기에 통보합니다.

인적사항	주거				
	직업		주민등록번호		
	성명	(　　)		생년월일	
거소제공 결정일			입소일		
사유					

제2절 행정소송

1. 의의

보안관찰법에 의한 법무부장관의 보안관찰처분은 어디까지나 그 형식이 행정관청에 의한 행정처분의 성질을 가지고 있다. 따라서 그 구제절차에 대해서도 행정소송에 의하도록 하고 있다.

2. 요건

보안관찰법에 의한 법무부장관의 결정을 받은 자가 그 결정에 이의가 있을 때에는 행정소송법이 정하는 바에 따라 그 결정이 집행된 날부터 60일 이내에 서울고등법원에 소를 제기할 수 있다. 다만, 동법 제11조의 규정에 의한 면제결정신청에 대한 기각결정을 받은 자가 그 결정에 이의가 있을 때에는 그 결정이 있는 날부터 60일 이내에 서울고등법원에 소를 제기할 수 있다(보안관찰법 제23조).

3. 준용규정

보안관찰법 제23조의 소송에 관하여 동법에 규정한 것을 제외하고는 행정소송법을 준용한다. 다만, 행정소송법 제18조의 규정은 준용하지 아니한다.

제3절 판례 검토

1. 보안관찰관련 통계자료의 공개

대법원은 국가보안법 위반·집회 및 시위에 관한 법률 위반·공직선거 및 선거부정방지법 위반 사건에서 '보안관찰관련 통계자료가 공공기관의 정보공개에 관한 법률 제7조

제1항 제2호 소정의 공개될 경우 국가안전보장·국방·통일·외교관계 등 국가의 중대한 이익을 해할 우려가 있는 정보 또는 제3호 소정의 공개될 경우 국민의 생명·신체 및 재산의 보호 기타 공공의 안전과 이익을 현저히 해할 우려가 있다고 인정되는 정보인지 여부'에 대해 다음과 같이 판시하고 있다.[22]

다수 의견은 "보안관찰처분은 국가안위에 중대한 위해를 초래할 수 있는 간첩죄 등으로 처벌받은 자에 대하여 재범의 위험성을 예방하고 건전한 사회복귀를 촉진하기 위하여 일정한 신고의무를 부과하는 등으로 그 동향파악을 함으로써 국가의 안전과 사회의 안녕을 유지함을 목적으로 하는 제도인바(보안관찰법 제1조 내지 제4조), 남북이 아직까지 정전(停戰) 상태에서 휴전선을 경계로 군사적으로 첨예하게 대치하고 있는데다가 북한이 우리나라의 자유민주주의 체제를 전복하고자 하는 적화통일노선을 완전히 포기하였다는 명백한 징후를 보이지 않고 있는 현 상황에서는, 정보의 수집 및 동조자의 규합 등을 위한 북한정보기관의 간첩 활동에 대한 대응은 매우 중요한 의미를 가지므로, 보안관찰처분을 규정한 보안관찰법에 대하여 헌법재판소도 이미 그 합헌성을 인정한바 있다(헌재결, 1997.11.27., 92헌바28). 한편 이 사건 정보인 보안관찰관련 통계자료는 우리나라 53개 지방검찰청 및 지청관할지역에서 매월 보고된 보안관찰처분에 관한 각종 자료로서, 보안관찰처분대상자 또는 피보안관찰자들의 매월별 규모, 그 처분시기, 지역별 분포에 대한 전국적 현황과 추이를 한눈에 파악할 수 있는 구체적이고 광범위한 자료에 해당하므로 '통계자료'라고 하여도 그 함의를 통하여 나타내는 의미가 있음이 분명하여 가치중립적일 수는 없고, 그 통계자료의 분석에 의하여 대남공작활동이 유리한 지역으로 보안관찰처분대상자가 많은 지역을 선택하는 등으로 이 사건 정보가 북한 정보기관에 의한 간첩의 파견, 포섭, 선전선동을 위한 교두보의 확보 등 북한의 대남전략에 있어 매우 유용한 자료로 악용될 우려가 없다고 할 수 없다. 그러므로 이 사건 정보는 공공기관의 정보공개에 관한 법률 제7조 제1항 제2호 소정의 공개될 경우 국가안전보장·국방·통일·외교관계 등 국가의 중대한 이익을 해할 우려가 있는 정보, 또는 제3호 소정의 공개될 경우 국민의 생명·신체 및 재산의 보호 기타 공공의 안전과 이익을 현저히 해할 우려가 있다고 인정되는 정보에 해당한다고 할 것이다."라고 하고 있다.

반면에 소수 의견은 다음과 같다. "보안관찰법 소정의 보안관찰관련 통계자료 자체로

22) 대판, 2004.3.18, 2001두8254.

는 보안관찰처분대상자나 피보안관찰자의 신상명세나 주거지, 처벌범죄, 보안관찰법의 위반내용 등 구체적 사항을 파악하기 어려운 자료이므로, 위 정보를 악용하려 한다고 하더라도 한계가 있을 수밖에 없으며, 국민의 기본권인 알권리를 제한할 정도에 이르지 못하고, 간첩죄·국가보안법위반죄 등 보안관찰 해당범죄에 관한 사법통계자료를 공개하는 뜻은 사법제도의 경우 그것이 공정·투명하게 운영되고 공개될수록 그 제도에 대한 국민의 신뢰가 쌓이고, 국민의 인권 신장에 기여한다는 데 있는 것이고, 보안관찰법은 남·북한이 대치하고 있는 현 상황에서 우리의 자유민주적 기본질서를 유지·보장하기 위하여 필요한 제도로서 합헌성이 확인된 제도이므로, 북한이나 그 동조세력이 위 정보를 토대로 국내의 인권상황을 악의적으로 선전하면서 보안관찰법의 폐지를 주장한다 하더라도 보안관찰법에 의한 보안관찰제도가 헌법상 제 기본권 규정에 위반하지 않는 한, 보안관찰법의 집행 자체를 인권탄압으로 볼 수는 없으며, 오히려 위 정보를 투명하게 공개하지 않음으로써 불필요한 오해와 소모적 논쟁, 이로 인한 사회불안 야기와 우리나라의 국제적 위상의 저하 등의 문제가 발생할 소지를 배제할 수 없는 이상, 위 정보의 투명한 공개를 통한 보안관찰제도의 민주적 통제야말로 법집행의 투명성과 공정성을 확보함과 동시에 공공의 안전과 이익에 도움이 되고, 인권국가로서의 우리나라의 국제적 위상을 제고하는 측면도 있음을 가벼이 여겨서는 안 될 것이라는 등의 이유로, 위 정보는 공공기관의 정보공개에 관한 법률 제7조 제1항 제2호 또는 제3호 소정의 비공개대상 정보에 해당하지 아니한다."라고 판시하고 있다.

2. 보안관찰처분의 위법성

대법원은 원고 ○○○가 유죄판결을 받고 복역한 범죄 중 보안관찰해당범죄는 보안관찰법 제2조 제3호에 정해진 국가보안법 제4조(목적수행), 제5조(금품수수), 제6조(잠입·탈출) 위반죄이고, 원고가 일정한 직업이 없이 독신으로 생활하고 있으며, 복역 중 국가보안법 폐지를 요구하며 단식하고, 김일성 사망을 애도하여 검은 리본을 부착하였으며, 출소 후 7일 이내에 보안관찰법 제6조 제1항에 따른 출소사실 신고의무를 이행하지 아니하였고, 국가보안법 및 보안관찰법이 철폐되어야 한다는 생각을 가지고 있으며, 원고의 아버지 △△△ 역시 국가보안법위반죄로 무기징역형을 선고받았다가 준법서약서를 제출하고 형집행 정지로 석방된 후 보안관찰처분을 받은 사실 등은 인정되나, 원고가 복역 중 국가보안법 철폐 및 양심수 석방 등을 요구하며 수회 단식한 것은 헌법상 보장되는 기본권인 정치적 표현의 자유 또는 양심의 자유에 속하는 것에 불과한 점, 원고가 출소 후 보안관찰해당범죄와 관련되는 자와 일상적인 사회생활상의 접촉 이상의 차원에서 회합하거나 보안관찰해당범죄와 관련되는 구체적인 활동을 하였다고 인정할 아무런 자료가 없는 점, 이 사건에 있어서 원고가 보안관찰처분대상자 자진신고를 거부한 것은 재범의 위험성과 직접 관련되는 사정으로 볼 수 없을뿐더러, 원고는 정해진 기한보다 늦기는 하였으나 2000. 1. 19.에 이르러 보안관찰처분대상자 출소사실 자진신고를 하였고, 보안관찰처분에 따른 피보안관찰자 신고를 정기적으로 이행하여 온 점, 원고의 아버지 △△△도 준법서약서를 제출하고 형집행 정지로 석방된 이후 특별한 활동을 하지 않고 있는 점 등에 비추어 보면, 피고가 제시한 처분이유들만으로는 원고가 보안관찰대상범죄인 국가보안법 제4조 내지 제6조 위반의 죄를 다시 범할 위험성이 있다고 인정할 충분한 이유가 된다고 볼 수 없고, 달리 재범의 위험성을 인정할 만한 증거도 발견할 수 없으므로 법무부장관의 보안관찰처분은 그 요건을 갖추지 못한 것으로서 위법하다고 판시하였다.23)

3. 보안관찰처분 기간갱신결정의 위법성

대법원은 원고 ○○○가 수감생활을 하는 중에 행형법상의 징벌을 받은 사실이 없고, 사상전향서를 제출한 뒤 인쇄기술을 습득하여 인쇄기능사 자격을 취득하였으며, 가석방 출소 후 인쇄업 및 출판업을 경영하면서 상당한 수입을 얻고 있을 뿐만 아니라 결혼을 하여 아들 둘을 두고 안정된 생활을 하고 있으며, 이미 그 보안관찰 해당 범죄에 대하여 사면을 받았고 종전의 보안관찰처분기간 동안에도 보안관찰법 소정의 신고의무를 모두 이행한 사실 등을 인정한 뒤, 이와 같은 사정에 비추어 보면 원고의 보안관찰 해당 범죄와 수감생활 중의 일부 과격한 주장·행동 및 관련 범죄자의 재범 등의 사정만으로 원고에게 보안관찰 해당 범죄를 다시 범할 위험성이 있다고 인정하기 어려워 법무부장관의 보안관찰처분 기간갱신결정은 위법하다고 판시하였다.24)

---

23) 대판, 2002.8.23, 2002두3911.
24) 대판, 1997.7.25, 97누2696.

제4절 벌칙

1. 은신 및 도주

보안관찰처분대상자 또는 피보안관찰자가 보안관찰처분 또는 보안관찰을 면탈할 목적으로 은신 또는 도주한 때에는 3년 이하의 징역에 처한다.

2. 신고불응 및 허위신고 등

정당한 이유 없이 보안관찰법 제6조 제1항·제2항 및 제18조 제1항 내지 제4항의 규정에 의한 신고를 하지 아니하거나 허위의 신고를 한 자 또는 그 신고를 함에 있어서 거주예정지나 주거지를 명시하지 아니한 자는 2년 이하의 징역 또는 100만 원 이하의 벌금에 처한다.

3. 재범방지 조치 위반

정당한 이유 없이 보안관찰법 제19조 제2항[25]의 조치에 위반한 자는 1년 이하의 징역 또는 50만 원 이하의 벌금에 처한다.

4. 거소제공요청 거부

보안관찰법 제20조 제4항[26]에 위반한 자는 6월 이하의 징역 또는 50만 원 이하의 벌금

---

25) 19조 (지도) ② 검사 및 사법경찰관은 피보안관찰자의 재범방지를 위하여 특히 필요한 경우에는 다음 각호의 조치를 할 수 있다.
  1. 보안관찰해당범죄를 범한 자와의 회합·통신을 금지하는 것
  2. 집단적인 폭행, 협박, 손괴, 방화 등으로 공공의 안녕질서에 직접적인 위협을 가할 것이 명백한 집회 또는 시위장소에의 출입을 금지하는 것
  3. 피보안관찰자의 보호 또는 조사를 위하여 특정장소에의 출석을 요구하는 것

26) 20조 (보호) ④ 사회복지사업법에 의한 사회복지시설로서 대통령령이 정하는 시설의 장은 법무부장관으로부터 보안관찰처분대상자 또는 피보안관찰자에 대한 거소제공의 요청을 받은 때에는 정당한 이유 없이 이를 거부하여서는 아니 된다.

에 처한다.

5. 공무원의 직무유기 등

보안관찰처분에 관한 업무에 종사하는 공무원이 정당한 이유 없이 그 직무수행을 거부 또는 그 직무를 유기하거나 허위의 보고를 한 때에는 2년 이하의 징역 또는 5년 이하의 자격정지에 처한다.

6. 은닉 및 도주원조

보안관찰처분대상자 또는 피보안관찰자를 은닉하거나 도주하게 한 자는 2년 이하의 징역에 처한다. 다만, 친족이 본인을 위하여 본문의 죄를 범한 때에는 벌하지 아니한다.

7. 공표 및 누설

보안관찰처분의 업무에 종사하는 공무원 또는 보안관찰법 제11조[27]의 신원보증을 한 자가 정당한 사유 없이 보안관찰처분대상자에 관하여 이 법에 의하여 지득한 사실을 공표하거나 누설한 때에는 2년 이하의 징역 또는 5년 이하의 자격정지에 처한다.

---

27) 보안관찰법 제11조 (보안관찰처분의 면제) ① 법무부장관은 보안관찰처분대상자중 다음 각호의 요건을 갖춘 자에 대하여는 보안관찰처분을 하지 아니하는 결정(이하 "면제결정"이라 한다)을 할 수 있다.

1. 준법정신이 확립되어 있을 것
2. 일정한 주거와 생업이 있을 것
3. 대통령령이 정하는 신원보증이 있을 것

보안관찰법시행령 제14조 (보안관찰처분 면제결정 신청등) ④ 제1항 제4호의 규정에 의한 신원보증인이 될 수 있는 자는 보안관찰처분대상자가 아닌 자로서 다음 각호의 1에 해당하는 자이어야 한다.

1. 주거지의 읍 · 면 · 동 · 리 · 통 · 반의 장
2. 신청인이 근무하는 직장의 장
3. 법 제20조제3항의 규정에 의하여 거소제공을 받은 때에는 그 제공된 사회복지시설등의 장
4. 기타 학식과 덕망이 있는 자(선거에 의하여 취임하는 공무원을 제외한다)

부 록

1. 보안관찰법
2. 보안관찰법시행령
3. 보안관찰법시행규칙

보안관찰법

[시행 2008.1.1.] [법률 제8435호, 2007.5.17.]

제1조 (목적) 이 법은 특정범죄를 범한 자에 대하여 재범의 위험성을 예방하고 건전한 사회복귀를 촉진하기 위하여 보안관찰처분을 함으로써 국가의 안전과 사회의 안녕을 유지함을 목적으로 한다.

제2조 (보안관찰해당범죄) 이 법에서 "보안관찰해당범죄"라 함은 다음 각호의 1에 해당하는 죄를 말한다.

1. 형법 제88조·제89조(제87조의 미수범을 제외한다)·제90조(제87조에 해당하는 죄를 제외한다)·제92조 내지 제98조·제100조(제99조의 미수범을 제외한다) 및 제101조(제99조에 해당하는 죄를 제외한다)

2. 군형법 제5조 내지 제8조·제9조제2항 및 제11조 내지 제16조

3. 국가보안법 제4조, 제5조(제1항중 제4조제1항제6호에 해당하는 행위를 제외한다), 제6조, 제9조제1항·제3항(제2항의 미수범을 제외한다)·제4항

제3조 (보안관찰처분대상자) 이 법에서 "보안관찰처분대상자"라 함은 보안관찰해당범죄 또는 이와 경합된 범죄로 금고 이상의 형의 선고를 받고 그 형기합계가 3년 이상인 자로서 형의 전부 또는 일부의 집행을 받은 사실이 있는 자를 말한다.

제4조 (보안관찰처분) ①제3조에 해당하는 자중 보안관찰해당범죄를 다시 범할 위험성이 있다고 인정할 충분한 이유가 있어 재범의 방지를 위한 관찰이 필요한 자에 대하여는 보안관찰처분을 한다.

②보안관찰처분을 받은 자는 이 법이 정하는 바에 따라 소정의 사항을 주거지 관할경찰서장(이하 "관할경찰서장"이라 한다)에게 신고하고, 재범방지에 필요한 범위안에서 그 지시에 따라 보안관찰을 받아야 한다.

제5조 (보안관찰처분의 기간) ①보안관찰처분의 기간은 2년으로 한다.

②법무부장관은 검사의 청구가 있는 때에는 보안관찰처분심의위원회의 의결을 거쳐 그 기간을 갱신할 수 있다.

제6조 (보안관찰처분대상자의 신고) ①보안관찰처분대상자는 대통령령이 정하는 바에 따라 그 형의 집행을 받고 있는 교도소, 소년교도소, 구치소, 유치장, 군교도소 또는

영창(이하 "교도소등"이라 한다) 에서 출소전에 거주예정지 기타 대통령령으로 정하는 사항을 교도소등의 장을 경유하여 거주예정지 관할경찰서장에게 신고하고, 출소후 7일이내에 그 거주예정지 관할경찰서장에게 출소사실을 신고하여야 한다. 제20조제3항에 해당하는 경우에는 법무부장관이 제공하는 거주할 장소(이하 "거소"라 한다)를 거주예정지로 신고하여야 한다.

②보안관찰처분대상자는 교도소등에서 출소한 후 제1항의 신고사항에 변동이 있을 때에는 변동이 있는 날부터 7일이내에 그 변동된 사항을 관할경찰서장에게 신고하여야 한다. 다만, 제20조제3항에 의하여 거소제공을 받은 자가 주거지를 이전하고자 할 때에는 미리 관할경찰서장에게 제18조제4항 단서에 의한 신고를 하여야 한다.

③교도소등의 장은 제3조에 해당하는 자가 생길 때에는 지체없이 보안관찰처분심의위원회와 거주예정지를 관할하는 검사 및 경찰서장에게 통고하여야 한다.

제7조 (보안관찰처분의 청구) 보안관찰처분청구는 검사가 행한다.

제8조 (청구의 방법) ①제7조의 규정에 의한 보안관찰처분청구는 검사가 보안관찰처분청구서(이하 "처분청구서"라 한다)를 법무부장관에게 제출함으로써 행한다.

②처분청구서에는 다음 사항을 기재하여야 한다.

1. 보안관찰처분을 청구받은 자(이하 "피청구자"라 한다)의 성명 기타 피청구자를 특정할 수 있는 사항
2. 청구의 원인이 되는 사실
3. 기타 대통령령으로 정하는 사항

③검사가 처분청구서를 제출할 때에는 청구의 원인이 되는 사실을 증명할 수 있는 자료와 의견서를 첨부하여야 한다.

④검사는 보안관찰처분청구를 한 때에는 지체없이 처분청구서등본을 피청구자에게 송달하여야 한다. 이 경우 송달에 관하여는 민사소송법중 송달에 관한 규정을 준용한다.

제9조 (조사) ①검사는 제7조의 규정에 의한 보안관찰처분청구를 위하여 필요한 때에는 보안관찰처분대상자, 청구의 원인이 되는 사실과 보안관찰처분을 필요로 하는 자료를 조사할 수 있다.

②사법경찰관리와 특별사법경찰관리(이하 "사법경찰관리"라 한다)는 검사의 지휘를 받아 제1항의 규정에 의한 조사를 할 수 있다.

제10조 (심사) ①법무부장관은 처분청구서와 자료에 의하여 청구된 사안을 심사한다.

②법무부장관은 제1항의 규정에 의한 심사를 위하여 필요한 때에는 법무부소속공무원으로 하여금 조사하게 할 수 있다.

③제2항의 규정에 의하여 조사의 명을 받은 공무원은 다음 각호의 권한을 가진다.

1. 피청구자 기타 관계자의 소환·심문·조사
2. 국가기관 기타 공·사단체에의 조회 및 관계자료의 제출요구

제11조 (보안관찰처분의 면제) ①법무부장관은 보안관찰처분대상자중 다음 각호의 요건을 갖춘 자에 대하여는 보안관찰처분을 하지 아니하는 결정(이하 "면제결정"이라 한다)을 할 수 있다.

1. 준법정신이 확립되어 있을 것
2. 일정한 주거와 생업이 있을 것
3. 대통령령이 정하는 신원보증이 있을 것

②법무부장관은 제1항의 요건을 갖춘 보안관찰처분대상자의 신청이 있을 때에는 부득이한 사유가 있는 경우를 제외하고는 3월내에 보안관찰처분면제여부를 결정하여야 한다.

③검사는 제1항제1호 및 제2호의 요건을 갖춘 보안관찰처분대상자의 정상을 참작하여 위험성이 없다고 인정되는 때에는 법무부장관에게 면제결정을 청구할 수 있다.

④면제결정을 받은 자가 그 면제결정요건에 해당하지 아니하게 된 때에는 검사의 청구에 의하여 법무부장관은 면제결정을 취소할 수 있다.

⑤면제결정과 면제결정청구, 면제결정취소청구 및 그 결정에 대하여는 보안관찰처분청구 및 심사결정에 관한 규정을 준용한다.

⑥보안관찰처분의 면제결정을 받은 자는 그때부터 이 법에 의한 보안관찰처분대상자 또는 피보안관찰자로서의 의무를 면한다.

제12조 (보안관찰처분심의위원회) ①보안관찰처분에 관한 사안을 심의·의결하기 위하여 법무부에 보안관찰처분심의위원회(이하 "위원회"라 한다)를 둔다.

②위원회는 위원장 1인과 6인의 위원으로 구성한다.

③위원장은 법무부차관이 되고, 위원은 학식과 덕망이 있는 자로 하되, 그 과반수는 변호사의 자격이 있는 자이어야 한다.

④위원은 법무부장관의 제청으로 대통령이 임명 또는 위촉한다.

⑤위촉된 위원의 임기는 2년으로 한다. 다만, 공무원인 위원은 그 직을 면한 때에는 위원의 자격을 상실한다.

⑥위원중 공무원이 아닌 위원도 이 법 기타 다른 법률의 규정에 의한 벌칙의 적용에 있어서는 공무원으로 본다.

⑦위원장은 위원회의 회무를 통리하고 위원회를 대표하며, 위원회의 회의를 소집하고 그 의장이 된다.

⑧위원장이 사고가 있을 때에는 미리 그가 지정한 위원이 그 직무를 대행한다.

⑨위원회는 다음 각호의 사안을 심의·의결한다.

1. 보안관찰처분 또는 그 기각의 결정
2. 면제 또는 그 취소결정
3. 보안관찰처분의 취소 또는 기간의 갱신결정

⑩위원회의 회의는 위원장을 포함한 재적위원 과반수의 출석으로 개의하고 출석위원 과반수의 찬성으로 의결한다.

⑪위원회의 운영·서무 기타 필요한 사항은 대통령령으로 정한다.

제13조 (피청구자의 자료제출등) ①피청구자는 처분청구서등본을 송달받은 날부터 7일 이내에 법무부장관 또는 위원회에 서면으로 자기에게 이익된 사실을 진술하고 자료를 제출할 수 있다.

②위원회는 필요하다고 인정하는 경우에는 피청구자 및 기타 관계자를 출석시켜 심문·조사하거나 공무소 기타 공·사단체에 대하여 조회할 수 있으며, 관계자료의 제출을 요구할 수 있다.

제14조 (결정) ①보안관찰처분에 관한 결정은 위원회의 의결을 거쳐 법무부장관이 행한다.

②법무부장관은 위원회의 의결과 다른 결정을 할 수 없다. 다만, 보안관찰처분대상자에 대하여 위원회의 의결보다 유리한 결정을 하는 때에는 그러하지 아니하다.

제15조 (의결서등) ①위원회의 의결은 이유를 붙이고 위원장과 출석위원이 기명날인하는 문서로써 행한다.

②법무부장관의 결정은 이유를 붙이고 법무부장관이 기명·날인하는 문서로써 행한다.

제16조 (결정의 취소등) ①검사는 법무부장관에게 보안관찰처분의 취소 또는 기간의 갱

신을 청구할 수 있다.

②법무부장관은 제1항의 규정에 의한 청구를 받은 때에는 위원회의 의결을 거쳐 이를 심사·결정하여야 한다.

③제1항 및 제2항의 규정에 의한 청구와 그 청구의 심사·결정에 대하여는 보안관찰처분청구 및 심사결정에 관한 규정을 준용한다.

제17조 (보안관찰처분의 집행) ①보안관찰처분의 집행은 검사가 지휘한다.

②제1항의 지휘는 결정서등본을 첨부한 서면으로 하여야 한다.

③검사는 피보안관찰자가 도주하거나 1월 이상 그 소재가 불명한 때에는 보안관찰처분의 집행중지결정을 할 수 있다. 그 사유가 소멸된 때에는 지체없이 그 결정을 취소하여야 한다.

제18조 (신고사항) ①보안관찰처분을 받은 자(이하 "피보안관찰자"라 한다)는 보안관찰처분결정고지를 받은 날부터 7일 이내에 다음 각호의 사항을 주거지를 관할하는 지구대 또는 파출소의 장(이하 "지구대 · 파출소장"이라 한다)을 거쳐 관할경찰서장에게 신고하여야 한다. 제20조제3항에 해당하는 경우에는 법무부장관이 제공하는 거소를 주거지로 신고하여야 한다. <개정 2004.12.23., 2007.5.17.>

1. 등록기준지, 주거(실제로 생활하는 거처), 성명, 생년월일, 성별, 주민등록번호
2. 가족 및 동거인 상황과 교우관계
3. 직업, 월수, 본인 및 가족의 재산상황
4. 학력, 경력
5. 종교 및 가입한 단체
6. 직장의 소재지 및 연락처
7. 보안관찰처분대상자 신고를 행한 관할경찰서 및 신고일자
8. 기타 대통령령이 정하는 사항

②피보안관찰자는 보안관찰처분결정고지를 받은 날이 속한 달부터 매3월이 되는 달의 말일까지 다음 각호의 사항을 지구대·파출소장을 거쳐 관할경찰서장에게 신고하여야 한다. <개정 2004.12.23.>

1. 3월간의 주요활동사항
2. 통신·회합한 다른 보안관찰처분대상자의 인적사항과 그 일시, 장소 및 내용

3. 3월간에 행한 여행에 관한 사항(신고를 마치고 중지한 여행에 관한 사항을 포함한다)

4. 관할경찰서장이 보안관찰과 관련하여 신고하도록 지시한 사항

③피보안관찰자는 제1항의 신고사항에 변동이 있을 때에는 7일 이내에 지구대·파출소장을 거쳐 관할경찰서장에게 신고하여야 한다. 피보안관찰자가 제1항의 신고를 한 후 제20조제3항에 의하여 거소제공을 받거나 제20조제5항에 의하여 거소가 변경된 때에는 제공 또는 변경된 거소로 이전한 후 7일 이내에 지구대·파출소장을 거쳐 관할경찰서장에게 신고하여야 한다. <개정 2004.12.23.>

④피보안관찰자가 주거지를 이전하거나 국외여행 또는 10일 이상 주거를 이탈하여 여행하고자 할 때에는 미리 거주예정지, 여행예정지 기타 대통령령이 정하는 사항을 지구대·파출소장을 거쳐 관할경찰서장에게 신고하여야 한다. 다만, 제20조제3항에 의하여 거소제공을 받은 자가 주거지를 이전하고자 할 때에는 제20조제5항에 의하여 거소변경을 신청하여 변경결정된 거소를 거주예정지로 신고하여야 한다. <개정 2004.12.23.>

⑤관할경찰서장은 제1항 내지 제4항의 규정에 의한 신고를 받은 때에는 신고필증을 교부하여야 한다.

제19조 (지도) ①검사 및 사법경찰관리는 피보안관찰자의 재범을 방지하고 건전한 사회복귀를 촉진하기 위하여 다음 각호의 지도를 할 수 있다.

1. 피보안관찰자와 긴밀한 접촉을 가지고 항상 그 행동 및 환경등을 관찰하는 것
2. 피보안관찰자에 대하여 신고사항을 이행함에 적절한 지시를 하는 것
3. 기타 피보안관찰자가 사회의 선량한 일원이 되는데 필요한 조치를 취하는 것

②검사 및 사법경찰관은 피보안관찰자의 재범방지를 위하여 특히 필요한 경우에는 다음 각호의 조치를 할 수 있다.

1. 보안관찰해당범죄를 범한 자와의 회합·통신을 금지하는 것
2. 집단적인 폭행, 협박, 손괴, 방화등으로 공공의 안녕질서에 직접적인 위협을 가할 것이 명백한 집회 또는 시위장소에의 출입을 금지하는 것
3. 피보안관찰자의 보호 또는 조사를 위하여 특정장소에의 출석을 요구하는 것

제20조 (보호) ①검사 및 사법경찰관리는 피보안관찰자가 자조의 노력을 함에 있어, 그의 개선과 자위를 위하여 필요하다고 인정되는 적절한 보호를 할 수 있다.

②제1항의 보호의 방법은 다음과 같다.

1. 주거 또는 취업을 알선하는 것
2. 직업훈련의 기회를 제공하는 것
3. 환경을 개선하는 것
4. 기타 본인의 건전한 사회복귀를 위하여 필요한 원조를 하는 것

③법무부장관은 보안관찰처분대상자 또는 피보안관찰자중 국내에 가족이 없거나 가족이 있어도 인수를 거절하는 자에 대하여는 대통령령이 정하는 바에 의하여 거소를 제공할 수 있다.

④사회복지사업법에 의한 사회복지시설로서 대통령령이 정하는 시설의 장은 법무부장관으로부터 보안관찰처분대상자 또는 피보안관찰자에 대한 거소제공의 요청을 받은 때에는 정당한 이유없이 이를 거부하여서는 아니된다.

⑤법무부장관은 제3항에 의하여 거소제공을 받은 자에게 국내에 인수를 희망하는 가족이 생기거나 기타 거소변경의 필요가 있는 때에는 본인의 신청 또는 검사의 청구에 의하여 이미 제공한 거소를 변경할 수 있다. 이 경우 법무부장관은 3월 이내에 거소의 변경여부를 결정하여야 한다.

제21조 (응급구호) 검사 및 사법경찰관리는 피보안관찰자에게 부상·질병 기타 긴급한 사유가 발생하였을 때에는 대통령령이 정하는 바에 따라 필요한 구호를 할 수 있다.

제22조 (경고) 검사 및 사법경찰관리는 피보안관찰자가 의무를 위반하였거나 위반할 위험성이 있다고 의심할 상당한 이유가 있는 때에는 그 이행을 촉구하고 형사처벌등 불이익한 처분을 받을 수 있음을 경고할 수 있다.

제23조 (행정소송) 이 법에 의한 법무부장관의 결정을 받은 자가 그 결정에 이의가 있을 때에는 행정소송법이 정하는 바에 따라 그 결정이 집행된 날부터 60일 이내에 서울고등법원에 소를 제기할 수 있다. 다만, 제11조의 규정에 의한 면제결정신청에 대한 기각결정을 받은 자가 그 결정에 이의가 있을 때에는 그 결정이 있는 날부터 60일 이내에 서울고등법원에 소를 제기할 수 있다.

제24조 (행정소송법의 준용) 제23조의 소송에 관하여 이 법에 규정한 것을 제외하고는 행정소송법을 준용한다. 다만, 행정소송법 제18조의 규정은 준용하지 아니한다. <개정 2002.1.26., 2004.10.16.>

제25조 (기간의 계산) ①보안관찰처분의 기간은 보안관찰처분 결정을 집행하는 날부터 계산한다. 이 경우 초일은 산입한다.

②제18조제1항 내지 제4항의 규정에 의한 신고를 하지 아니한 기간은 보안관찰처분 기간에 산입하지 아니한다.

③보안관찰처분의 집행중지결정이 있거나 징역·금고·구류·노역장유치 중에 있는 때, 「사회보호법」에 의한 감호의 집행 중에 있는 때 또는 「치료감호법」에 의한 치료감호의 집행 중에 있는 때에는 보안관찰처분의 기간은 그 진행이 정지된다. <개정 2005.8.4.>

제26조 (군법피적용자에 대한 특칙등) ①군사법원법 제2조제1항 각호의 1에 게기된 자에 대한 보안관찰처분에 관하여는 국방부장관은 법무부장관의, 군사법원검찰관은 검사의, 군사법경찰관리는 사법경찰관리의 이 법에 의한 직무를 행한다.

②군사법원법 제2조제1항 각호의 1에 게기된 자에 대한 보안관찰처분을 심의·의결하기 위하여 국방부에 군보안관찰처분심의위원회를 둔다.

③군보안관찰처분심의위원회의 구성과 운영에 관하여는 제12조의 규정을 준용한다.

④국방부장관 또는 군사법원검찰관은 보안관찰처분대상자가 군사법원법 제2조제1항 각호의 1에 게기된 자가 아님이 명백한 때에는 당해 사안을 법무부장관 또는 검사에게 이송한다. 이 경우 이송전에 한 심사 또는 조사는 이송후에도 그 효력에 영향이 없다.

⑤법무부장관 또는 검사는 보안관찰처분대상자가 군사법원법 제2조제1항 각호의 1에 게기된 자임이 명백한 때에는 당해 사안을 국방부장관 또는 군사법원검찰관에게 이송한다. 이 경우 이송전에 한 심사 또는 조사는 이송후에도 그 효력에 영향이 없다.

제27조 (벌칙) ①보안관찰처분대상자 또는 피보안관찰자가 보안관찰처분 또는 보안관찰을 면탈할 목적으로 은신 또는 도주한 때에는 3년 이하의 징역에 처한다.

②정당한 이유없이 제6조제1항·제2항 및 제18조제1항 내지 제4항의 규정에 의한 신고를 하지 아니하거나 허위의 신고를 한 자 또는 그 신고를 함에 있어서 거주예정지나 주거지를 명시하지 아니한 자는 2년 이하의 징역 또는 100만원 이하의 벌금에 처한다.

③정당한 이유없이 제19조제2항의 조치에 위반한 자는 1년 이하의 징역 또는 50만원 이하의 벌금에 처한다.

④제20조제4항에 위반한 자는 6월 이하의 징역 또는 50만원 이하의 벌금에 처한다.
⑤보안관찰처분에 관한 업무에 종사하는 공무원이 정당한 이유없이 그 직무수행을 거부 또는 그 직무를 유기하거나 허위의 보고를 한 때에는 2년 이하의 징역 또는 5년 이하의 자격정지에 처한다.
⑥보안관찰처분대상자 또는 피보안관찰자를 은닉하거나 도주하게 한 자는 2년 이하의 징역에 처한다. 다만, 친족이 본인을 위하여 본문의 죄를 범한 때에는 벌하지 아니한다. <개정 2005.3.31.>
⑦보안관찰처분의 업무에 종사하는 공무원 또는 제11조의 신원보증을 한 자가 정당한 사유없이 보안관찰처분대상자에 관하여 이 법에 의하여 지득한 사실을 공표하거나 누설한 때에는 2년 이하의 징역 또는 5년 이하의 자격정지에 처한다.

부칙 <제8435호, 2007.5.17.> (가족관계의 등록 등에 관한 법률)
제1조 (시행일) 이 법은 2008년 1월 1일부터 시행한다. <단서 생략>
제2조부터 제7조까지 생략
제8조 (다른 법률의 개정) ①부터 ⑫까지 생략
⑬ 보안관찰법 일부를 다음과 같이 개정한다.
제18조제1항제1호중 "원적, 본적"을 "등록기준지"로 한다.
⑭부터 <39>까지 생략
제9조 생략

보안관찰법시행령

[시행 2010.11.2.] [대통령령 제22467호, 2010.11.2]

제1조(목적) 이 영은 보안관찰법(이하 "법"이라 한다)에서 위임된 사항과 그 시행에 관하여 필요한 사항을 규정함을 목적으로 한다.

제2조(정의) 이 영에서 사용하는 용어의 정의는 다음과 같다.

1. "보안관찰해당범죄"라 함은 법 제2조 각호의 1 또는 법 부칙 제2조제2호에 규정된 죄를 말한다.
2. "보안관찰처분대상자"라 함은 보안관찰해당범죄 또는 이와 경합된 범죄로 금고 이상의 형의 선고를 받고 그 형기합계가 3년 이상인 자로서 형의 전부 또는 일부의 집행을 받은 사실이 있는 자를 말한다.
3. "피보안관찰자"라 함은 법 제4조제1항의 규정에 의한 보안관찰처분을 받은 자를 말한다.
4. "주거지 관할검사"라 함은 주거지를 관할하는 지방검찰청 또는 지청의 검사를, "거주예정지 관할검사"라 함은 거주예정지를 관할하는 지방검찰청 또는 지청의 검사를, "교도소등의 소재지 관할검사"라 함은 교도소등의 소재지를 관할하는 지방검찰청 또는 지청의 검사를 말한다.

제3조(형기계산) 법 제3조에 규정된 형기합계를 계산함에 있어 소년법 제60조제1항의 규정에 의한 부정기형이 선고된 경우에는 그 단기를 형기로 한다.

제4조(보안관찰) ①피보안관찰자의 주거지를 관할하는 경찰서장(이하 "관할경찰서장"이라 한다)은 피보안관찰자의 동태를 관찰하고 사회에 복귀하도록 선도하여 보안관찰해당범죄를 다시 범하지 아니하도록 예방하여야 한다.

②관할경찰서장은 보안관찰부를 작성 · 비치하고 매월 1회이상 피보안관찰자의 동태를 관찰하여 그 결과를 보안관찰부에 기재하여야 한다.

제5조(동태보고등) ①관할경찰서장은 매 3월마다 법 제18조제2항의 규정에 의하여 신고된 사항을 포함한 피보안관찰자의 주요동태를 주거지 관할검사에게 보고하여야 한다.

②관할경찰서장은 피보안관찰자에게 다음 각호의 1에 해당하는 사유가 발생한 때에는 지체없이 이를 주거지 관할검사에게 보고하여야 한다.

1. 죄를 범한 때

2. 보안관찰처분과 관련한 각종 지시에 위반한 때

3. 일정한 주거가 없게 된 때

4. 10일 이상 주거지를 무단 이탈하거나 소재불명이 된 때

5. 사망한 때

6. 법 제17조제3항의 규정에 의한 보안관찰처분집행중지 사유가 발생한 때

7. 법 제22조의 규정에 의한 경고를 한 때

8. 법 제25조제3항 후단의 규정에 의한 보안관찰처분기간의 진행정지 사유가 발생한 때

9. 기타 신원에 중대한 사유가 발생한 때

제6조(보안관찰처분대상자의 신고) ①보안관찰처분대상자가 법 제6조제1항의 규정에 의하여 출소전에 신고할 때에는 다음 각호의 사항을 기재한 신고서 5부를 작성하여 교도소, 소년교도소, 구치소, 유치장, 군교도소 또는 영창(이하 "교도소등"이라 한다)의 장에게 제출하여야 한다.

1. 원적 · 본적 · 주거(실제로 생활하는 거처. 이하 같다) · 성명 · 생년월일 · 성별 · 주민등록번호

2. 가족 및 교우관계

3. 입소전의 직업 · 본인 및 가족의 재산상황

4. 학력 · 경력

5. 종교 및 가입한 단체

6. 병역관계

7. 출소예정일

8. 출소후의 거주예정지 및 그 도착예정일

9. 보안관찰해당범죄사실의 요지 · 판결법원 · 판결연월일 · 죄명 · 적용법조 · 형명 · 형기

10. 보안관찰해당범죄외의 전과관계

11. 법 제20조제3항에 해당하는 경우에는 거소제공 결정일자와 제공된 사회복지시설등의 명칭 및 그 소재지

②교도소등의 장은 제1항의 규정에 의하여 접수한 신고서 1부씩을 법 제12조의 규정

에 의한 보안관찰처분심의위원회(이하 "위원회"라 한다)와 거주예정지관할 검사 및 경찰서장에게 각각 송부하여야 한다.

③교도소등의 장은 제2항의 규정에 의하여 신고서를 송부할 때에는 보안관찰해당범죄에 대한 판결문사본 · 행형성적 기타 필요한 서류를 각각 첨부하여야 한다.

제7조(신고의무의 고지) 교도소등의 장은 수용되어 있는 보안관찰처분대상자가 출소할 때에는 법 제6조제1항 및 제2항의 규정에 의하여 거주예정지 관할경찰서장에게 신고할 것을 고지하여야 한다.

제8조(출소통보등) ①교도소등의 장은 법 제6조제1항의 규정에 의하여 보안관찰처분대상자 신고를 한 자가 출소한 때에는 지체없이 다음 각호의 사항을 거주예정지 관할경찰서장에게 통보하여야 한다.

1. 원적 · 본적 · 주거 · 성명 · 생년월일 · 성별 · 주민등록번호
2. 출소일 및 출소사유
3. 거주예정지 및 그 도착예정일시
4. 행장의 양부
5. 건강상태
6. 사상전향 여부
7. 기타 필요한 사항

②거주예정지 관할경찰서장은 출소한 보안관찰처분대상자가 법 제6조제1항의 규정에 의한 신고기간내에 신고를 하지 아니한 때에는 지체없이 이를 거주예정지 관할검사에게 보고하여야 한다.

제9조(출소사실 신고등) ①출소한 보안관찰처분대상자는 법 제6조제1항의 규정에 의한 출소사실 신고를 하는 때에는 출소일 · 출소교도소 · 출소사유 기타 필요한 사항을 기재한 신고서를 작성 · 제출하여야 하며, 신고서에는 2인이상의 신원보증인이 서명 · 날인하여야 한다. 신원보증인이 없는 때에는 그 사유를 명기하여야 한다.

②보안관찰처분대상자는 교도소등에서 출소한 후 제6조제1항의 신고사항중에 변동이 있는 때에는 그 변동사항을 기재한 신고서를 작성하여 관할경찰서장에게 제출하여야 한다.

③제1항 및 제2항의 신고서를 접수한 거주예정지 관할경찰서장 또는 관할경찰서장은

신고인에게 신고필증을 교부하여야 하며, 지체없이 이를 그 거주예정지 또는 주거지 관할검사에게 보고하여야 한다.

④거주예정지 관할경찰서장 또는 관할경찰서장은 보안관찰처분대상자가 신고한 거주예정지를 변경하거나 주거지를 이전한 때에는 그 사실여부를 확인한 후 보안관찰처분대상자신고서 · 출소사실신고서 기타 관계서류를 변경된 거주예정지 또는 신주거지 관할경찰서장에게 송부하여야 한다.

⑤제4항의 규정에 의하여 관계서류를 송부받은 변경된 거주예정지 또는 신주거지 관할경찰서장은 지체없이 이를 주거지 관할검사에게 보고하여야 한다.

제10조(보안관찰처분대상자 발생통고등) ①교도소등의 장은 법 제6조제3항의 규정에 의한 통고를 할 때에는 다음 각호의 사항을 기재한 통고서를 작성하여 위원회와 거주예정지 관할검사 및 경찰서장에게 송부하여야 한다.

1. 원적 · 본적 · 주거 · 성명 · 생년월일 · 성별 · 주민등록번호
2. 출소예정일
3. 출소후의 거주예정지
4. 보안관찰해당범죄사실의 요지 · 판결법원 · 판결연월일 · 죄명 · 적용법조 · 형명 · 형기
5. 보안관찰해당범죄외의 전과관계
6. 기타 필요한 사항

②교도소등의 장은 수용되어 있는 보안관찰처분대상자에 대하여 다음 각호의 1에 해당하는 사유가 발생한 때에는 지체없이 이를 위원회와 거주예정지 관할검사 및 경찰서장에게 통보하여야 한다.

1. 죄를 범한 때
2. 사망한 때
3. 도주한 때
4. 다른 교도소등에 이송된 때
5. 가석방 구신결정 또는 형집행정지 결정이 있은 때
6. 기타 신원에 중대한 사유가 발생한 때

제11조(보안관찰처분대상자의 동태보고) 관할경찰서장은 그 관할구역내에 거주하는 보

안관찰처분대상자에 대하여 다음 각호의 1에 해당하는 사유가 발생한 때에는 지체없이 이를 주거지 관할검사에게 보고하여야 한다.

1. 죄를 범한 때
2. 사망한 때
3. 소재가 불명하거나 도주한 때
4. 보안관찰해당범죄를 범할 우려가 있을 때
5. 국외여행을 할 때
6. 기타 신원에 중대한 사유가 발생한 때

제12조(보안관찰처분청구서등) ①법 제8조제1항의 규정에 의한 보안관찰처분청구서에는 피청구자의 성명 기타 피청구자를 특정할 수 있는 사항 · 청구의 원인이 되는 사실 · 청구연월일을 기재하고 검사가 서명 · 날인하여야 한다. 이 경우 법 제20조제3항의 규정에 의하여 거소를 제공한 때에는 거소제공 결정연월일 및 제공된 사회복지시설 등의 명칭과 그 소재지를 함께 기재하여야 한다.

②법 제8조제3항의 의견서에는 청구취지와 적용법조에 관한 의견을 기재하여야 한다.

제13조(조사) 검사 또는 사법경찰관리(특별사법경찰관리를 포함한다. 이하 같다)는 법 제9조의 규정에 의한 조사를 위하여 필요한 경우에는 다음의 조치를 할 수 있다.

1. 보안관찰처분대상자 또는 그 관계인에 대한 출석요구, 자료제출 요구
2. 감정 · 통역이나 번역의 위촉
3. 공무소 기타 공 · 사단체에 대한 조회와 자료 제출 요구

제14조(보안관찰처분 면제결정 신청등) ①법 제11조제2항의 규정에 의한 보안관찰처분 면제결정 신청을 하고자 하는 보안관찰처분대상자는 관할경찰서장에게 다음 각호의 서류를 첨부한 보안관찰처분면제결정신청서(전자문서로 된 신청서를 포함한다)를 제출하여야 한다. 이 경우 관할경찰서장은 「전자정부법」 제36조제1항에 따른 행정정보의 공동이용을 통하여 보안관찰처분대상자의 주민등록표 등본을 확인하여야 하며, 보안관찰처분대상자가 확인에 동의하지 아니하는 경우에는 이를 첨부하도록 하여야 한다. <개정 2004.3.17., 2007.7.18., 2010.5.4., 2010.11.2.>

1. 법령을 준수할 것을 맹세하는 서약서
2. 주거가 일정함을 인정할 수 있는 서류(주민등록표 등본으로 주거를 확인할 수 없는

경우로 한정한다)

3. 재직증명서 기타 생업이 일정함을 인정할 수 있는 서류

4. 2인이상의 신원보증인의 신원보증서

②관할경찰서장은 제1항의 규정에 의한 신청서를 접수한 때에는 20일이내에 전과관계를 증명할 수 있는 서류와 의견서를 첨부하여 검사에게 송부하여야 한다.

③검사는 제2항의 규정에 의하여 신청서와 관계서류를 송부받은 때에는 20일이내에 의견서를 첨부하여 법무부장관에게 송부하여야 한다.

④제1항제4호의 규정에 의한 신원보증인이 될 수 있는 자는 보안관찰처분대상자가 아닌 자로서 다음 각호의 1에 해당하는 자이어야 한다.

1. 주거지의 읍 · 면 · 동 · 리 · 통 · 반의 장

2. 신청인이 근무하는 직장의 장

3. 법 제20조제3항의 규정에 의하여 거소제공을 받은 때에는 그 제공된 사회복지시설등의 장

4. 기타 학식과 덕망이 있는 자(선거에 의하여 취임하는 공무원을 제외한다)

⑤검사는 법 제11조제3항의 규정에 의한 보안관찰처분면제결정 청구를 함에 있어서는 보안관찰처분면제결정청구서에 보안관찰처분대상자가 법 제11조제1항제1호 및 제2호에 해당한다는 의견서와 기타 필요한 서류를 첨부하여 법무장관에게 제출하여야 한다.

제15조(위원회에의 회부 · 의결) ①법무부장관은 법 제12조제9항 각호의 1에 해당하는 결정의 신청을 받은 때에는 이를 심사한 후 지체없이 위원회에 그 사안을 회부하여야 한다.

②위원회는 제1항의 규정에 의하여 사안을 회부받은 때에는 이를 심의 · 의결하고 그 결과를 위원장과 출석위원 전원이 서명 · 날인한 문서로써 법무부장관에게 통보하여야 한다.

제16조(위원회의 직원) ①위원회에 간사 2인과 서기 약간인을 둔다.

②간사 및 서기는 법무부소속 직원중에서 법무부장관이 임명한다.

③간사는 위원장의 명을 받아 위원회의 서무를 처리하고 회의에 참석하여 발언할 수 있으며, 서기는 간사를 보조한다.

제17조(회의록) ①서기는 위원장의 명을 받아 위원회의 회의록을 작성 · 비치하여야 한다.

②회의록에는 회의의 전말을 기재하고 위원장이 서명 · 날인하여야 한다.

제18조(수당) 위원회에 출석한 위원에 대하여는 예산의 범위안에서 수당을 지급할 수 있다. 다만, 공무원인 위원이 그 소관업무와 직접적으로 관련하여 위원회에 출석하는 경우에는 그러하지 아니하다.

제19조(위원회의 운영세칙) 이 영에 규정한 사항외에 위원회의 운영에 관하여 필요한 사항은 위원회의 의결을 거쳐 위원장이 정한다.

제20조(결정서) 보안관찰처분결정서에는 보안관찰처분청구를 한 검사의 직위 · 성명과 피청구자의 성명 · 연령 · 직업 · 주거 · 결정주문 및 이유와 적용법조를 기재하여야 한다.

제21조(결정의 고지) 보안관찰처분에 관한 결정의 고지는 검사가 피청구자 또는 신청인에게 결정서등본을 송달하는 방법으로 한다. 다만, 법 제11조제3항의 규정에 의한 청구를 기각하는 결정에 대하여는 고지하지 아니한다.

제22조(지휘 · 감독) 검사는 법을 집행함에 있어서는 경찰서장 · 사법경찰관리 · 교도소등의 장을 지휘 · 감독하고 필요한 지시를 할 수 있다.

제23조(보안관찰처분 집행중지결정의 신청등) ①관할경찰서장은 법 제17조제3항의 규정에 의한 사유가 발생한 때에는 주거지 관할검사에게 주거지 리 · 통 · 반의 장의 확인서 기타 피보안관찰자가 도주 또는 소재불명임을 인정할 수 있는 자료를 첨부하여 보안관찰처분집행중지결정을 신청하여야 한다. 이 경우 주거지 관할검사는 「전자정부법」 제36조제1항에 따른 행정정보의 공동이용을 통하여 피보안관찰자의 주민등록표 등본을 확인하여야 한다. <개정 2004.3.17., 2007.7.18., 2010.5.4., 2010.11.2.>

②검사는 법 제17조제3항 전단의 규정에 의하여 보안관찰처분의 집행중지결정을 할 때에는 피보안관찰자의 성명 기타 피보안관찰자를 특정할 수 있는 사항, 보안관찰처분 결정일 및 그 기간갱신일, 집행중지사유, 집행중지결정일 기타 필요한 사항을 기재한 보안관찰처분 집행중지결정서를 작성하여야 한다.

③검사는 보안관찰처분의 집행중지결정을 한 때에는 관할경찰서장에게 보안관찰처분 집행중지결정의 집행지휘를 하고 지체없이 이를 법무부장관에게 보고하여야 한다.

④검사는 법 제17조제3항 후단의 규정에 의하여 보안관찰처분의 집행중지결정을 취소할 때에는 피보안관찰자의 성명 기타 피보안관찰자를 특정할 수 있는 사항, 집행중

지결정일, 집행중지결정취소사유, 취소결정일 기타 필요한 사항을 기재한 보안관찰처분집행중지 취소결정서를 작성하여야 한다.

⑤피보안관찰자는 검사의 보안관찰처분 집행중지결정에 이의가 있거나 그 집행중지결정의 사유가 소멸된 때에는 관할경찰서장을 거쳐 검사에게 보안관찰처분 집행중지결정의 취소신청을 할 수 있다.

⑥검사는 제5항의 취소신청이 이유있다고 인정하는 때에는 보안관찰처분의 집행중지결정을 취소하고 지체없이 이를 신청인에게 고지하여야 한다. 신청이 이유없다고 인정하여 기각하는 때에는 그 취지를 고지하여야 한다.

⑦검사는 제4항 및 제6항의 규정에 의한 취소를 한 때에는 관할경찰서장에게 보안관찰처분 집행중지결정의 취소지휘 또는 보안관찰처분의 잔기간집행지휘를 하고 지체없이 이를 법무부장관에게 보고하여야 한다.

제24조(피보안관찰자의 신고사항등) ①법 제18조제1항제8호의 규정에 의하여 피보안관찰자가 신고하여야 할 사항은 다음과 같다.

1. 국외여행관계
2. 보안관찰처분 결정일자 또는 그 기간갱신일자
3. 보안관찰처분대상자 신고후에 범한 전과관계
4. 법 제20조제3항에 해당하는 경우에는 거소제공결정일자와 제공된 사회복지시설등의 명칭 및 그 소재지

②피보안관찰자는 법 제18조제4항의 규정에 의한 신고를 할 때에는 다음 각호의 구분에 따라 관련사항을 기재한 신고서를 작성·제출하여야 한다.

1. 주거지 이전의 경우

가. 이전예정지

나. 이전예정일

다. 이전사유

라. 기타 필요한 사항

2. 국외여행의 경우

가. 여행대상국

나. 여행목적

다. 여행기간

라. 동행자

마. 여권의 종류 및 여권번호

바. 기타 필요한 사항

3. 국내여행의 경우

가. 여행목적지

나. 여행목적

다. 여행기간

라. 동행자

마. 기타 필요한 사항

③관할경찰서장은 제2항제1호 및 제3호의 규정에 의한 신고서를 접수한 때에는 지체없이 그 사실을 이전예정지 또는 여행목적지 관할경찰서장에게 통보하여야 한다.

④관할경찰서장은 피보안관찰자가 주거지를 이전한 때에는 지체없이 신주거지 관할경찰서장에게 보안관찰부 기타 관계서류를 송부하여야 한다.

⑤제4항의 규정에 의하여 관계서류를 송부받은 신거주지 관할경찰서장은 지체없이 그 주거지 이전의 사실을 신주거지 관할검사에게 보고하여야 한다.

제25조(지도의 방법) ①검사 및 사법경찰관리는 피보안관찰자의 재범을 방지하고 건전한 사회복귀를 촉진하기 위하여 피보안관찰자와의 면접과 통신, 가족 및 그 관계인과의 협의, 거소제공된 사회복지시설등의 장 및 관계기관과의 협조에 의하여 계속적으로 관찰 · 지도하여야 하며, 피보안관찰자 및 그 관계인의 신뢰와 협력을 얻도록 노력하여야 한다.

②검사 및 사법경찰관은 법 제19조제2항의 규정에 의하여 피보안관찰자의 재범방지를 위한 조치를 할 때에는 피보안관찰자에게 조치의 취지를 설명하고 조치사항을 기재한 서면을 교부하여야 한다.

③사법경찰관은 제2항의 조치를 할 때에는 긴급을 요하는 경우를 제외하고는 미리 주거지 관할검사에게 보고하여야 한다.

④제2항의 조치는 피보안관찰자의 재범방지를 위하여 특히 필요하다고 인정되는 구체적 사항으로서 피보안관찰자의 자유를 부당하게 제한하지 아니하도록 하여야 한다.

제26조(거소제공의 방법) ①법 제20조제3항의 규정에 의한 거소제공은 검사의 청구에 의하여 법무부장관이 결정한다.

②교도소등의 장은 수용중인 보안관찰처분대상자 또는 피보안관찰자중 거소제공이 필요한 자(이하 "거소제공대상자"라 한다)가 생긴 때에는 특별한 사유가 있는 경우를 제외하고는 출소예정일 2월전까지 교도소등의 소재지 관할검사에게 거소제공의 청구를 신청하여야 한다.

③관할경찰서장은 그 관할구역내에 거소제공대상자가 생긴때에는 지체없이 주거지 관할검사에게 거소제공의 청구를 신청하여야 한다.

④교도소등의 장 및 관할경찰서장은 제2항 또는 제3항의 규정에 의한 신청을 하는 때에는 거소제공대상자의 성명 기타 거소제공대상자임을 특정할 수 있는 사항, 거소제공의 필요사유, 행형성적 또는 최근의 동태를 기재한 신청서와 거소제공에 필요한 자료를 제출하여야 한다.

⑤검사는 법무부장관에게 거소제공을 청구하는 때에는 청구서와 거소제공에 필요한 자료를 제출하여야 한다.

⑥법무부장관은 거소제공대상자에 대하여 거소제공이 필요하다고 인정하는 때에는 사회복지사업법에 의한 사회복지시설 기타 본인의 건전한 사회복귀를 위하여 도움이 되는 적절한 시설을 지정하여야 한다.

⑦검사는 법무부장관이 제6항의 규정에 의하여 거소제공의 결정을 한 때에는 지체없이 교도소등의 장 또는 관할 경찰서장, 사회복지시설등의 장에게 결정내용 및 결정일을 통보하여야 한다.

⑧거소제공대상자에 대한 거소제공결정의 고지는 검사가 거소제공결정서등본을 송달하는 방법으로 한다.

⑨교도소등의 장은 거소제공대상자가 출소하는 때에 지체없이, 관할경찰서장은 거소제공결정의 통보를 받은 때에 지체없이 거소제공결정을 받은 보안관찰처분대상자 또는 피보안관찰자를 지정된 사회복지시설등의 장에게 인계하고 즉시 이를 검사에게 보고하여야 한다.

제27조(거소변경의 절차) ①거소제공을 받은 자는 법 제20조제5항의 규정에 의하여 거소변경을 신청하는 때에는 관할경찰서장에게 거소변경 신청서와 거소변경이 필요함을

인정할 수 있는 서류를 제출하여야 한다.

②관할경찰서장은 제1항의 규정에 의하여 신청서와 관계서류를 접수한 때에는 20일이내에 의견서와 거소변경에 필요한 자료를 첨부하여 주거지 관할 검사에게 송부하여야 한다.

③검사는 제2항의 규정에 의하여 신청서와 관계서류를 송부받은 때에는 20일이내에 의견서와 거소변경에 필요한 자료를 첨부하여 법무부장관에게 송부하여야 한다.

④검사는 법 제20조제5항의 규정에 의하여 거소변경의 청구를 하는 때에는 법무부장관에게 거소변경 청구서와 의견서 및 거소변경에 필요한 자료를 제출하여야 한다.

⑤제26조제6항 내지 제9항의 규정은 법무부장관이 거소변경결정을 하는 경우에 이를 준용한다.

제28조(임시거소의 제공) ①검사는 긴급을 요하여 법무부장관의 거소제공결정 또는 거소변경결정을 기다릴 여유가 없는 때에는 사회복지시설등의 장과 협의하여 거소제공대상자에게 임시거소를 제공할 수 있다.

②검사는 제1항의 규정에 의한 임시거소의 제공을 한 때에는 지체없이 이를 법무부장관에게 보고하여야 한다.

제29조(사회복지시설의 범위등) ①법 제20조제4항의 사회복지시설은 사회복지사업법에 의한 사회복지시설중 기거와 침식을 제공할 수 있는 시설로 한다.

②법무부장관은 제1항의 시설을 거소로 지정하는 때에는 보건복지부장관의 의견을 들어야 한다. <개정 1994.12.23., 2008.2.29., 2010.3.15.>

③사회복지시설등의 장은 보호하고 있는 보안관찰처분대상자 또는 피보안관찰자에 대하여 다음 각호의 1에 해당하는 사유가 발생한 때에는 지체없이 이를 관할경찰서장에게 통보하여야 한다.

1. 죄를 범한 때
2. 사망한 때
3. 소재가 불명하거나 도주한 때
4. 인수할 가족이 생긴 때
5. 기타 신원에 중대한 사유가 발생한 때

제30조(응급구호의 범위) ①법 제21조의 규정에 의한 응급구호는 다음 각호의 1에 해당

하는 경우에 실시할 수 있다.

1. 질병 · 부상 기타 긴급한 사유의 발생으로 피보안관찰자의 생명 · 신체에 중대한 위험이 예상될 때

2. 기타 응급구호를 함이 적절하다고 인정되는 긴급한 사유가 있는 때

②사법경찰관리는 제1항의 규정에 의한 응급구호를 행한 때에는 지체없이 이를 검사에게 보고하여야 한다.

제31조(경고의 방법) 법 제22조의 규정에 의한 검사 및 사법경찰관리의 경고는 경고일시, 경고이유, 경고내용 및 그에 위반하는 경우 형사처벌등 불이익한 처분을 받을 수 있음을 기재한 서면에 의하여야 한다. 다만, 긴급을 요하는 때에는 구두로 경고할 수 있다.

제32조(군보안관찰처분심의위원회에의 준용) 제15조 내지 제19조의 규정은 군보안관찰처분심의위원회에 이를 준용한다.

제33조(시행규칙) 이 영 시행에 관하여 필요한 사항은 법무부령으로 정한다. 다만, 군사법원법 제2조제1항 각호의 1에 해당하는 자에 관한 사항은 법무부장관과 협의하여 국방부령으로 정한다.

부칙 <제22467호, 2010.11.2.> (행정정보의 공동이용 및 문서감축을 위한 경제교육지원법 시행령 등 일부개정령)

이 영은 공포한 날부터 시행한다.

보안관찰법시행규칙

[시행 2006.7.27.] [법무부령 제592호, 2006.7.27.]

제1조 (목적) 이 규칙은 보안관찰법(이하 "법"이라 한다) 및 동법시행령(이하 "영"이라 한다)의 시행에 관하여 필요한 사항을 규정함을 목적으로 한다.

제2조 (정의) 이 규칙에서 사용하는 용어의 정의는 다음과 같다.

1. "사안"이라 함은 보안관찰처분청구, 보안관찰처분취소청구, 보안관찰처분기간갱신청구, 보안관찰처분면제결정청구, 보안관찰처분면제결정취소청구 및 보안관찰처분면제결정신청에 관한 사안을 말한다.
2. "관할검사장"이라 함은 관할지방검찰청 검사장 또는 지청장을 말한다.
3. "관할경찰서장"이라 함은 보안관찰처분대상자 또는 피보안관찰자의 주거지를 관할하는 경찰서장을 말한다.
4. "조사"라 함은 법 제9조의 규정에 의한 조사를 말한다.
5. "용의자"라 함은 보안관찰처분대상자 중 보안관찰해당범죄를 다시 범할 위험성이 있다고 의심을 받는 자를 말한다.

제3조 (보안관찰부) 영 제4조제2항의 규정에 의한 보안관찰부는 별지 제1호서식에 의한다.

제4조 (동태보고) 영 제5조제1항 및 제2항의 규정에 의한 보고는 별지 제2호서식에 의한다.

제5조 (보안관찰처분대상자신고) ①영 제6조제1항의 규정에 의한 보안관찰처분대상자 신고서는 별지 제3호서식에 의한다.

②영 제6조제1항의 교도소등의 장(이하 "교도소등의 장"이라 한다)은 동조동항의 규정에 의하여 제출받은 신고서 중 1부를 국가안전기획부장에게 송부하고 1부는 보존하며, 별지 제4호서식의 신고서 송부부를 작성·비치하여야 한다.

③교도소등의 장은 제2항 및 영 제6조제2항의 규정에 의하여 신고서를 송부하는 때에는 특별한 사유가 있는 경우를 제외하고는 보안관찰처분대상자의 출소예정일 2월전까지 이를 송부하여야 한다.

④영 제6조제2항의 규정에 의하여 신고서를 송부받은 거주예정지 관할경찰서장은 보안관찰처분대상자가 출소 후 거주예정지에 거주하지 아니할 것이 명백한 때에는 지체없이 그 사유를 교도소등의 장에게 통보하여야 한다.

⑤제4항의 규정에 의한 통보를 받은 교도소등의 장은 지체없이 이를 교도소등의 소재지 관할검사에게 보고하여야 한다.

⑥영 제6조제2항의 규정에 의하여 신고서를 송부받은 거주예정지 관할경찰서장은 별지 제5호서식의 신고서 접수부와 별지 제6호서식의 보안관찰처분대상자 관리부를 작성·비치하여야 한다.

⑦영 제6조제2항의 규정에 의한 보안관찰처분대상자신고서의 송부는 별지 제7호서식에 의한다.

제6조 (출소통보) ①거주예정지 관할경찰서장은 영 제8조제1항의 규정에 의한 출소통보를 받거나 영 제8조제2항의 규정에 의한 보고를 한 때에는 보안관찰처분대상자 관리부에 그 내용을 기재하여야 한다.

②영 제8조제1항의 규정에 의한 출소통보는 별지 제8호서식, 영 제8조제2항의 규정에 의한 보고는 별지 제9호서식에 의한다.

제7조 (출소사실신고서등) ①거주예정지 관할경찰서장 또는 관할경찰서장은 영 제9조제1항의 규정에 의한 신고사항과 영 제9조제2항의 규정에 의한 신고사항을 보안관찰처분대상자 관리부에 기재하여야 한다.

②영 제9조제1항의 규정에 의한 신고서는 별지 제10호서식, 영 제9조제2항의 규정에 의한 신고서는 별지 제11호서식, 영 제9조제3항의 규정에 의한 신고필증은 별지 제12호서식, 영 제9조제3항 및 제5항의 규정에 의한 보고는 별지 제9호서식에 의한다.

제8조 (보안관찰처분대상자의 발생통고등) ①교도소등의 장은 보안관찰처분대상자가 입소한 때에는 별지 제13호서식의 보안관찰처분대상자 관리부를 작성·비치하여야 한다.

②교도소등의 장은 보안관찰처분대상자 관리부에 영 제10조제1항의 규정에 의한 통고서송부사실과 영 제10조제2항의 규정에 의한 통보사유를 기재하여야 한다.

③교도소등의 장은 보안관찰처분대상자에 대하여 영 제10조제2항제4호의 사유가 발생한 때에는 보안관찰처분대상자 관리부와 관계서류를 이송된 교도소등의 장에게 송부하여야 한다.

④영 제10조 제1항의 규정에 의한 통고서는 별지 제14호서식, 영 제10조제2항의 규정에 의한 통보는 별지 제15호서식에 의한다.

제9조 (보안관찰처분대상자의 동태보고) ①관할경찰서장은 그 관할구역내에 거주하는

보안관찰처분대상자에게 영 제11조 각호의1에 해당하는 사유가 발생한 때에는 보안관찰처분대상자관리부에 그 내용을 기재하여야 한다.

②영 제11조의 규정에 의한 보고는 별지 제9호서식에 의한다.

제10조 (보안관찰처분청구서 등) 영 제12조제1항의 규정에 의한 보안관찰처분청구서는 별지 제16호서식, 영 제12조제2항의 규정에 의한 의견서는 별지 제17호서식에 의한다.

제11조 (관할) 검사 및 사법경찰관리(특별사법경찰관리를 포함한다. 이하 같다)는 각 소속관서의 관할구역내에서 직무를 행한다. 다만, 관할구역내의 사안과 관련이 있는 사실의 조사를 위하여 필요하거나 긴급을 요하는 때에는 관할구역 외에서도 그 직무를 행할 수 있다.

제12조 (조사의 협조) ①검사는 직무를 수행함에 있어 상호 협조하여야 한다.

②사법경찰관리는 직무를 수행함에 있어 상호 협조하여야 한다.

제13조 (비밀의 유지와 명예훼손 금지) 검사 및 사법경찰관리는 사안을 조사함에 있어 비밀을 유지하고, 용의자 기타 관계인의 명예를 훼손하지 아니하도록 하여야 한다.

제14조 (조사의 회피) 검사 또는 사법경찰관리는 용의자 또는 그 관계인과 친족 기타 특별한 관계로 인하여 조사의 공정성을 잃거나 의심을 받을 염려가 있다고 인정되는 사안에 대하여는 소속관서의 장의 허가를 받아 그 조사를 회피하여야 한다.

제15조 (조사서류의 작성) ①조사서류를 작성할 때에는 내용의 정확과 진술의 임의성을 확보하기 위하여 특히 다음 각호의 사항에 유의하여야 한다.

1. 일상용어에 속하는 쉬운 문구를 사용한다.
2. 복잡한 사항은 항목을 나누어 기술한다.
3. 사투리·약어·은어등은 그 다음에 괄호를 하고 간단한 설명을 붙인다.
4. 외국어 또는 학술용어는 그 다음에 괄호를 하고 간단한 설명을 붙인다.
5. 지명·인명 등에 있어서 혼동될 염려가 있거나 특히 필요하다고 인정될 때에는 그 다음에 괄호를 하고 한자등을 기입하거나 설명을 붙인다.
6. 서류는 작성연월일을 기재하고 진술인으로 하여금 간인하게 한 후 서명·날인하도록 한다. 다만, 진술인이 서명할 수 없는 때에는 조사자가 대신 서명하되, 그 사유를 기재하고 인장이 없는 때에는 무인하도록 한다.

②조사서류의 작성에 관하여는 이 규칙에서 규정한 사항외에 형사소송법 제47조·제

48조·제50조와 제57조 내지 제59조의 규정을 준용한다.

제16조 (외국어로 작성된 서류) 외국어로 작성된 서류는 번역문을 첨부하여야 한다.

제17조 (사안인지) ①검사는 보안관찰처분대상자가 보안관찰해당범죄를 다시 범할 위험성이 있다고 의심하여 조사에 착수하는 때에는 사안인지서를 작성하여야 한다.

②사법경찰관이 제1항의 조사에 착수하고자 하는 때에는 사안인지승인신청서를 작성하여 검사의 승인을 얻어야 한다.

③제1항의 규정에 의한 사안인지서와 제2항의 규정에 의한 사안인지승인신청서에는 용의자의 주거·성명·연령·직업·주민등록번호, 보안관찰해당범죄사실, 전향여부, 보안관찰해당범죄를 다시 범할 위험성이 있다고 의심되는 사실 기타 필요한 사항을 기재하고 특히 조사의 단서 및 인지하게 된 경위를 상세히 기재하여야 한다.

제18조 (출석요구) ①검사 또는 사법경찰관리는 용의자 또는 참고인에 대하여 출석을 요구하는 때에는 출석요구서를 발부하여야 한다. 다만, 긴급을 요하는 때에는 전화 또는 구두로 출석을 요구할 수 있다.

②제1항의 출석요구서에는 출석일시·장소 및 출석요구의 취지를 명백히 기재하여야 한다.

③용의자 또는 참고인이 출석한 때에는 지체없이 진술을 들어야 하며 장시간 대기시키는 일이 없도록 하여야 한다.

④외국인을 조사할 때에는 국제법과 국제조약에 위배되는 일이 없도록 유의하여야 한다.

제19조 (용의자에 대한 조사사항) 검사 또는 사법경찰관리는 용의자를 조사하는 때에는 다음 각호의 사항에 유의하여 용의자 신문조서를 작성하여야 한다.

1. 용의자에 대한 법 제18조제1항제1호 내지 제7호 및 영 제24조제1항제1호 내지 제4호의 사항
2. 교도소등에서 재소 중에 전향하였는지의 여부
3. 보안관찰처분을 함으로써 용의자의 가정 및 사회에 미치는 영향
4. 용의자에게 이익이 될 수 있는 사항
5. 제1호 내지 제4호를 증명할 수 있는 사항

제20조 (참고인의 진술) ①검사 또는 사법경찰관리는 참고인의 진술을 들을 때에는 형사

소송법 제317조의 규정에 유의하여 진술을 강요하여서는 아니된다.

②참고인의 진술은 조서에 기재하여야 한다.

③진술내용이 복잡하거나 참고인이 서면진술을 원하는 때에는 참고인으로 하여금 진술서를 작성·제출하게 할 수 있다.

④제3항의 규정에 의하여 진술서를 작성하는 때에는 부득이한 경우를 제외하고는 참고인이 자필로 작성하도록 하여야 한다.

第21조 (임상의 조사) 가료중인 용의자나 참고인이 있는 곳에서 임상신문을 하는 경우에는 상대방의 건강상태를 충분히 고려하여 조사에 중대한 지장이 없는 한 가족·의사 기타 적당한 사람을 참여시켜야 한다.

第22조 (보관조서등) ①용의자 또는 관계인으로부터 자료를 제출받아 이를 보관하여야 할 필요가 있는 때에는 보관조서 및 보관물목록을 작성하여야 한다. 다만, 조사 중에 자료를 제출 받은 때에는 조서에 보관의 취지를 기재하여 보관조서에 갈음할 수 있다.

②보관조서에는 사안번호·제출자·소유자 및 보관경위를, 보관물목록에는 보관물의 순위·품명·수량·특징을 구체적으로 기재하여야 한다.

第23조 (보관물의 보관등) ①보관물을 다른 사람에게 보관시킬 때에는 보관증을 받아야 하며, 보관자의 선정에 유의하여 그로 하여금 보관물을 성실하게 보관하도록 하여야 한다.

②보관물에 대하여는 사안번호·용의자의 성명·보관물목록의 순위·번호를 기재한 표찰을 붙여야 한다.

③보관물을 보관할 필요가 없는 때에는 지체없이 이를 제출자에게 반환하여야 한다.

④보관물을 폐기하는 때에는 폐기조서와 폐기물목록을 작성하고 사진을 촬영하여 이에 첨부하여야 한다.

第24조 (소년용의자에 대한 유의사항) ①소년인 용의자를 조사하는 때에는 소년의 심리적 특성을 충분히 고려하여 조용한 장소에서 온정과 이해를 가지고 부드러운 어조로 조사에 임하여야 한다.

②소년용의자에 대한 사안은 신속히 처리하고, 소년의 주거·성명·직업·용모등에 의하여 당해본인임을 알 수 있는 정도의 사실이나 사진이 보도되지 아니하도록 유의하여야 한다.

제25조 (환경조사서등) ①소년인 용의자를 조사하는 때에는 환경조사서를 작성하여야 한다.

②제1항의 규정에 의한 환경조사서에는 소년의 성격·행장·경력·교육정도·가정상황·교우관계 기타 환경등을 상세히 기재하여야 한다.

③소년인 용의자의 심신에 이상이 있다고 인정되는 때에는 지체없이 의사로 하여금 진단하게 하고 그 진단결과를 기재한 서류를 첨부하여야 한다.

제26조 (학생인 용의자에 대한 준용) 학생인 용의자에 대하여는 소년이 아닌 경우에도 제24조 및 제25조의 규정을 준용한다.

제27조 (사안송치) ①사법경찰관리는 조사를 종결한 때에는 지체없이 사안을 관할검사장에게 송치하여야 한다.

②사법경찰관리는 사안을 송치하는 때에는 소속관서의 장의 명의로 하여야 한다.

제28조 (송치서류) ①제27조제1항의 규정에 의하여 사안을 송치하는 때에는 사안송치서·보관물 총목록·기록목록·의견서·용의자 환경조사서·용의자의 본적조회 회답서 및 전과관계를 증명할 수 있는 서류 기타 필요한 서류를 첨부하여야 한다.

②송치서류는 다음의 순서에 따라 편철하여야 한다.

1. 사안송치서
2. 보관물 총목록
3. 기록목록
4. 의견서
5. 기타 서류

③제2항제4호의 의견서는 사법경찰관이 작성하여야 한다.

④제2항제5호의 기타 서류는 접수 또는 작성한 순서에 따라 편철하고, 제4호·제5호의 서류에는 매면에 면수를 기입하며, 제2호 내지 제4호의 서류에는 송치인이 직접 간인하여야 한다.

⑤사법경찰관리는 사안송치 후 용의자에 대하여 다른 보안관찰해당범죄경력을 발견한 때에는 즉시 그 사안을 담당하는 검사(이하 "주임검사"라 한다)에게 보고하여야 한다.

제29조 (서류 등의 추송) 사법경찰관리는 사안송치 후 서류 또는 물건을 추송하고자 하는

때에는 이미 송치한 사안명·송치연월일·용의자의 성명을 기재한 추송서를 작성하고 추송할 서류 및 보관물등을 첨부하여야 한다.

제30조 (송치 후의 조사등) ①사법경찰관리는 사안송치 후 조사를 계속하고자 하는 때에는 미리 주임검사의 지휘를 받아야 한다.

②사법경찰관리는 사안송치 후 당해사안에 속하는 용의자의 다른 재범의 위험성을 발견한 때에는 즉시 주임검사에게 보고하고 그 지휘를 받아야 한다.

제31조 (보안관찰처분 청구등) ①검사는 사안의 조사를 종결한 때에는 법무부장관에게 보안관찰처분 청구를 하여야 한다. 다만, 보안관찰처분 청구의 필요가 없다고 인정하는 경우에는 그 청구를 하지 아니하는 조치를 할 수 있다.

②제1항의 규정에 의한 청구를 하는 때에는 검찰총장을 경유하여야 한다. 다만, 검찰총장이 경유하지 아니하도록 한 사안은 그러하지 아니하다.

③제1항 단서의 조치를 하는 경우에는 조사의 결과 및 보안관찰처분 청구를 하지 아니하는 이유를 기재하여야 한다.

제32조 (증명자료) 검사는 보안관찰처분청구를 하는 때에는 청구의 원인이 되는 사실을 증명할 수 있는 피청구자에 대한 다음 각호의 자료를 첨부하여야 한다. 다만, 특별한 사유가 있는 경우에는 해당자료 중 일부를 첨부하지 아니할 수 있다.

1. 사안조사기록
2. 주민등록표등본
3. 범죄경력조회서
4. 행형기록 사본
5. 보안관찰해당범죄에 대한 판결문등본
6. 보안관찰처분대상자 관리부등본
7. 기타 재범의 위험성 유무를 판단할 수 있는 자료

제33조 (보안관찰처분의 기간갱신) ①검사는 보안관찰처분 기간갱신사안(이하 "기간생갱신사안"이라 한다)을 처리하는 때에는 관할경찰서장으로 하여금 피보안관찰자에 대하여 직업·월수입·가정환경·사회활동상황 기타 기간갱신여부를 판단할 수 있는 사항을 기재한 피보안관찰자 동태조사서와 보안관찰부등본을 제출하게하여야 한다.

②검사는 제1항의 규정에 의한 기간갱신사안을 처리함에 있어서는 관할경찰서장으

로 하여금 1개월이내의 기간을 정하여 조사하게 할 수 있다.

③검사는 기간갱신사안의 조사를 종결한 때에는 보안관찰처분의 기간만료 2월 전까지 법무부장관에게 보안관찰처분 기간갱신을 청구하여야 한다. 다만, 기간갱신 청구의 필요가 없다고 인정하는 경우에는 그 청구를 하지 아니하는 조치를 할 수 있다.

제34조 (검사의 조치결과 통보) 검사는 제27조제1항의 규정에 의하여 송치된 사안에 대하여 보안관찰처분 또는 그 기간갱신을 청구하거나 청구하지 아니하는 조치를 한 때에는 지체없이 그 결과를 당해사안을 송치한 관서의 장에게 통보하여야 한다.

제35조 (문서의 양식) ①검사가 조사에 관하여 사용하는 문서와 장부는 별지 제18호서식 내지 별지 제22호서식에 의한다.

②사법경찰관리가 조사에 관하여 사용하는 문서와 장부는 별지 제23호서식 내지 별지 제29호서식에 의한다.

③검사와 사법경찰관리가 조사에 관하여 공통으로 사용하는 문서와 장부는 별지 제30호서식 내지 별지 제40호서식에 의한다.

제36조 (보안관찰처분 면제결정신청에 관한 조사등) ①관할경찰서장은 영 제14조제1항의 규정에 의하여 보안관찰처분면제결정 신청서를 접수한 때에는 신청인의 진술을 듣고 재범의 위험성 유무와 신청인이 제출한 서류의 사실여부 및 신청인의 전과관계등을 조사하여야 한다.

②검사는 영 제14조제2항의 규정에 의하여 보안관찰처분면제결정 신청서와 관계서류를 송부받은 때에는 필요하다고 인정하는 경우 제1항의 조사를 할 수 있다.

③검사는 법 제11조 제3항의 규정에 의하여 보안관찰처분면제결정 청구를 하는 때에는 법 제11조제1항제1호 및 제2호에 해당하는 지의 여부와 기타 필요한 자료를 조사하여야 한다.

④영 제14조제1항의 규정에 의한 보안관찰처분 면제결정신청서는 별지 제41호서식, 영 제14조제2항의 규정에 의한 보안관찰처분 면제결정신청서의 송부 및 의견서는 별지 제42호서식 및 별지 제43호서식, 영 제14조제3항의 규정에 의한 보안관찰처분면제결정 신청서의 송부 및 의견서는 별지 제44호서식 및 별지 제43호서식, 영 제14조제5항의 규정에 의한 보안관찰처분면제결정 청구서 및 의견서는 별지 제16호서식 및 별지 제17호서식에 의한다.

제37조 (위원회에의 회부등) ①법무부장관이 영 제15조제1항의 규정에 의하여 사안을 위원회에 회부하는 때에는 법 제10조제2항의 규정에 의하여 조사의 명을 받은 공무원의 의견을 첨부할 수 있다.

②법무부장관이 위원회에 2건이상의 사안을 동시에 회부하는 때에는 1부의 회부서에 의할 수 있다.

③위원회가 동시에 2건이상의 의결결과를 통보하는 때에는 1부의 통보서에 의할 수 있다.

제38조 (보안관찰처분결정통보등) ①검사는 법무부장관으로부터 보안관찰처분결정서를 송달받은 때에는 지체없이 그 결정내용 및 일자를 관할경찰서장에게 통보하여야 한다.

②영 제21조의 규정에 의한 보안관찰처분에 관한 결정서등본의 송달은 피청구자 또는 신청인으로부터 수령서를 받고 검사가 직접 교부하거나 사법경찰관리로 하여금 교부하게 할 수 있다.

③제2항의 수령서는 사안기록에 편철하여야 한다.

④제1항의 규정에 의한 통보는 별지 제20호서식, 제2항의 규정에 의한 수령서는 별지 제45호서식에 의한다.

제39조 (보안관찰처분의 집행지휘) ①법 제17조제1항의 규정에 의한 보안관찰처분의 집행지휘는 별지 제46호서식에 의한다.

②검사가 제1항의 집행지휘를 하는 때에는 별지 제47호서식의 집행원부를 작성·비치하여야 한다.

제40조 (보안관찰처분집행중지결정등과 조사) ①검사는 법 제17조제3항 전단의 규정에 의하여 보안관찰처분 집행중지결정을 하는 때에는 피보안관찰자의 가족 및 신원보증인 기타 관계인의 진술을 듣거나 필요한 조사를 하여야 한다.

②검사는 법 제17조제3항 후단의 규정에 의하여 보안관찰처분 집행중지결정을 취소하는 때에는 집행중지결정을 받은 피보안관찰자·가족·신원보증인 기타 관계인의 진술을 듣거나 필요한 조사를 하여야 한다.

③영 제23조제6항 전단의 규정에 의한 고지는 검사가 신청인에게 보안관찰처분집행중지취소결정서등본을 직접 교부하거나 사법경찰관리로 하여금 교부하게 할 수 있다.

④영 제23조제1항의 규정에 의한 보안관찰처분집행중지결정 신청은 별지 제48호서식, 영 제23조제2항의 규정에 의한 보안관찰처분집행중지 결정서는 별지 제49호서식, 영 제23조제3항의 규정에 의한 보안관찰처분집행중지 결정의 집행지휘는 별지 제50호서식, 영 제23조제4항의 규정에 의한 보안관찰처분집행중지 취소결정서는 별지 제51호서식, 영 제23조제5항의 규정에 의한 보안관찰처분집행중지결정취소신청은 별지 제52호서식, 영 제23조제7항의 규정에 의한 보안관찰처분집행중지 취소지휘 및 잔기간 집행지휘는 별지 제53호서식에 의한다.

제41조 (피보안관찰자의 신고) ①피보안관찰자가 법 제18조제1항 내지 제4항의 규정에 의한 신고를 하는 때에는 신고서 1부를 작성하여 주거지를 관할하는 지서 또는 파출소의 장(이하 "지·파출소장"이라 한다)에게 제출하여야 한다.

②제1항의 규정에 의한 신고서를 접수한 지·파출소장은 신고서 1부를 사본하여 원본은 관할경찰서장에게 송부하고 사본은 보존한다.

③제1항 및 제2항의 규정에 의하여 신고서를 접수한 지·파출소장 및 관할경찰서장은 별지 제5호서식의 신고서 접수부를 작성·비치하여야 한다.

④관할경찰서장은 법 제18조제2항 내지 제4항의 신고사실을 보안관찰부에 기재하여야 한다.

⑤법 제18조제1항의 규정에 의한 신고는 별지 제54호서식, 법 제18조제2항의 규정에 의한 신고는 별지 제55호서식, 법 제18조제3항의 규정에 의한 신고는 별지 제56호서식, 법 제18조제4항 및 영 제24조제2항의 규정에 의한 신고서는 별지 제57호서식, 법 제18조제5항의 규정에 의한 신고필증은 별지 제12호서식, 영 제24조제5항의 규정에 의한 보고는 별지 제2호서식에 의한다.

제42조 (여행목적지 관할경찰서장의 통보) ①영 제24조제3항의 규정에 의하여 여행사실의 통보를 받은 여행목적지 관할경찰서장은 피보안관찰자의 도착여부를 확인한 후 지체없이 이를 관할경찰서장에게 통보하여야 한다.

②여행목적지 관할경찰서장은 피보안관찰자가 그 관할지역이 속하는 특별시·직할시·시 또는 군에 체재하는 동안 그 동태를 관찰하고 피보안관찰자에게 다음 각호의 1에 해당하는 사유가 발생한 때에는 지체없이 이를 관할경찰서장에게 통보하여야 한다.

1. 죄를 범한 때

2. 다른 피보안관찰자 또는 보안관찰처분대상자와 통신·회합한 때

3. 소재불명이 된 때

4. 사망한 때

5. 기타 신원에 중대한 사유가 발생한 때

제43조 (지도의 방법) ①영 제25조제2항의 규정에 의하여 피보안관찰자에게 교부하는 서면은 별지 제58호서식에 의한다.

②영 제25조제3항의 규정에 의한 보고는 별지 제59호서식에 의하되, 조치를 필요로 하는 사유와 조치할 사항을 구체적으로 기재하여야 한다. 긴급을 요하여 미리 조치를 한 후 보고하는 때에도 또한 같다.

제44조 (거소제공의 청구등) ①검사는 영 제26조제2항의 규정에 의한 거소제공대상자에게 거소제공의 필요가 있다고 인정하는 때에는 출소예정일 1월전까지 법무부장관에게 거소제공의 청구를 하여야 한다.

②검사는 영 제26조제3항의 규정에 의한 거소제공대상자에게 거소제공의 필요가 있다고 인정하는 때에는 거소제공청구의 신청을 받은 날부터 20일이내에 법무부장관에게 거소제공의 청구를 하여야 한다.

③검사가 거소제공의 청구를 하는 때에는 별지 제60호서식의 거소제공대상자 관리부를 작성·비치하여야 한다.

④검사가 영 제26조제8항의 규정에 의하여 거소제공결정서등본을 송달하는 때에는 거소제공대상자에게 직접 교부하거나 교도소등의 장 또는 사법경찰관리로 하여금 교부하게 할 수 있다.

⑤영 제26조제4항의 규정에 의한 신청서는 별지 제61호서식, 영 제26조제5항의 규정에 의한 청구서는 별지 제62호서식, 영 제26조제7항의 규정에 의한 통보는 별지 제20호서식에 의한다.

제45조 (거소변경 신청등) ①검사는 영 제27조제3항의 규정에 의하여 거소변경신청서를 송부하거나 영 제27조제4항의 규정에 의하여 거소변경청구를 하는 때에는 거소제공대상자 관리부에 그 사실을 기재하여야 한다.

②영 제27조제1항의 규정에 의한 신청서는 별지 제63호서식, 영 제27조제2항의 규정에 의한 송부 및 의견서는 별지 제64호서식 및 별지 제43호서식, 영 제27조제3항의

규정에 의한 송부 및 의견서는 별지 제65호서식 및 별지 제43호서식, 영 제27조제4항의 규정에 의한 거소변경청구서는 별지 제66호서식에 의한다.

제46조 (사회복지시설등의 장의 통보) 영 제29조제3항의 규정에 의한 통보는 별지 제67호서식에 의한다.

제47조 (응급구호) 사법경찰관리가 영 제30조제2항의 규정에 의하여 보고를 하는 때에는 별지 제2호서식에 의하되, 응급구호일시 및 내용 기타 필요한 사항을 기재하여야 한다.

제48조 (경고서) 영 제31조의 규정에 의한 경고는 별지 제68호서식에 의한다.

제49조 (장부와 비치서류) ①조사 사무를 처리하는 관서의 장은 다음의 장부 및 서류를 비치하여야 한다.

1. 보안관찰처분사안접수·처리부(경찰관서에 한한다)
2. 보안관찰처분사안부(검찰청에 한한다)
3. 보안관찰처분기간갱신사안부(검찰청에 한한다)
4. 집행원부(검찰청에 한한다)
5. 거소제공대상자관리부(검찰청에 한한다)
6. 보관물관리부
7. 출석요구부
8. 조사관계예규철
9. 조사종결사안(송치사안)철(경찰관서에 한한다)
10. 조사미제사안기록철
11. 통계철
12. 처분결과통보서철(경찰관서에 한한다)
13. 잡서류철

②제1항제1호의 보안관찰처분사안 접수·처리부는 미리 매면마다 관할검사장의 간인을 받아야 한다.

③제1항제8호의 조사관계 예규철에는 검찰청 기타 감독관청이 발한 훈련·통첩·지시 등 관계서류를 편철하여야 한다.

④제1항제9호의 조사종결사안(송치사안)철에는 검사에게 송치한 사한송치서, 기록목록 및 의견서의 사본을 편철하여야 한다.

⑤제1항제10호의 조사미제사안기록철에는 장차 소재를 파악할 가망이 없는 보안관찰처분대상자에 대한 사안등의 기록을 편철하여야 한다.

⑥제1항제11호의 통계철에는 조사업무와 관련한 각종 통계서류를 편철하여야 한다.

⑦제1항제12호의 처분결과통보서철에는 검사의 보안관찰처분에 관한 청구여부 및 그에 대한 법무부장관의 결정에 관한 통보서를 편철하여야 한다.

⑧제1항제13호의 잡서류철에는 제1항제8호 내지 제12호에 해당하지 아니하는 모든 서류를 편철하여야 한다.

⑨제1항의 규정에 의한 관서의 장은 필요하다고 인정하는 때에는 제1항 각호의 장부 및 서류외에 필요한 장부 또는 서류철을 비치할 수 있다.

第50조 (서류철의 색인목록) ①서류철에는 색인목록을 붙여야 한다.

②서류를 편철한 후 그 일부를 빼낸 때에는 색인목록 비고란에 그 연월일 및 사유를 기재하고 담당검사 또는 사법경찰관이 날인하여야 한다.

第51조 (갱신) ①조사사무에 관한 장부 및 서류철은 매년 이를 갱신하여야 한다. 다만, 필요에 따라 계속 사용할 수 있다.

②제1항 단서의 경우에는 분개지등을 삽입하여 그 연도를 분명히 구분하여야 한다.

第52조 (장부·서류의 보존기간) 장부 및 서류는 다음의 기간 이를 보존하여야 한다.

1. 보안관찰처분결정서 영구
2. 거소제공·변경결정서 준영구
3. 사안기록 준영구
4. 보안관찰처분사안접수처리부 영구
5. 보안관찰처분사안부 영구
6. 보안관찰처분기간갱신사안부 영구
7. 집행원부 영구
8. 거소제공대상자관리부 준영구
9. 보안관찰부 준영구
10. 보안관찰처분대상자관리부 준영구
11. 보관물관리부 10년
12. 보안관찰처분대상자신고서송부부 5년

13. (보안관찰처분대상자)신고서접수부 5년
(피보안관찰자)
14. 출석요구부 1년
15. 조사관계예규철 준영구
16. 조사종결사안(송치사안)철 준영구
17. 조사미제사안기록철 준영구
18. 통계철 10년
19. 처분결과통보서철 1년
20. 잡서류철 1년

第53조 (보존기간의 기산등) ①보존기간은 사안처리를 완결하거나 사안처리의 최종절차를 마친 다음해 1월 1일부터 기산한다.

②보존기간이 경과한 장부 및 서류철은 폐기목록을 작성한 후 폐기하여야 한다.

第54조 (사안기록등의 보관·보존) ①사안기록과 결정서는 보안관찰처분대상자의 주거지를 관할하는 검찰청에서 보관·보존한다.

②보안관찰처분대상자가 제1항의 규정에 의한 검찰청의 관할구역외로 주거지를 이전한 때에는 보안관찰처분대상자신고서와 사안기록 및 결정서 기타 관계서류를 신주거지를 관할하는 검찰청에 이송하여야 한다.

③제2항의 규정에 의한 이송은 별지 제69호서식에 의하며, 이 경우 별지 제70호서식의 이송결정서를 작성하여야 한다.

④제2항의 규정에 의하여 보안관찰처분대상자신고서등을 접수한 검찰청은 이송한 검찰청에 별지 제71호서식에 의한 접수통지를 하여야 한다.

부칙 <제592호, 2006.7.27.> (행정정보의 공동이용 및 문서감축을 위한 국적법시행규칙 등 일부개정령)

이 규칙은 공포한 날부터 시행한다.

참고문헌

1. 연구자료

「보안관찰관련 인권침해 실태조사」, (2004). 국가인권위원회.

권영성. (2003). 「헌법학원론」, 서울: 법문사.

김남진. (2001). 「행정법 I」, 서울: 법문사.

김혜정. (2001). “법적성질의 재고찰을 통한 보호관찰의 형사정책적 지위정립: 보호관찰과 보안처분의 개념구별을 중심으로”, 「형사정책」, 13(2): 111-132.

박지현. (1999). “보안관찰법에 관한 연구: 사상범에 대한 보안처분 부과의 법리상 문제점을 중심으로”, 「석사학위논문」, 서울대학교 대학원.

이재상. (2003). 「형법총론」, 서울: 박영사.

허　영. (2005). 「한국헌법론」, 서울: 박영사.

2. 판례

대판, 1997.7.25, 97누2696. 「보안관찰처분기간갱신결정처분취소 사건」

대판, 2002.8.23, 2002두3911. 「보안관찰처분취소 사건」

대판, 2004.3.18, 2001두8254. 「정보비공개결정처분취소 사건」

헌재결, 1989.12.22, 88헌가13. 「국토이용관리법 제31조의2 등 위헌법률심판 사건」

헌재결, 1990.11.19, 90헌가48. 「변호사법 제15조 위헌법률심판 사건」

헌재결, 1997.11.27, 92헌바28. 「보안관찰법 제2조 등 위헌소원 사건」